Σ BEST シグマベスト

中学公民

実力アップ問題集

文英堂編集部 編

SOCIAL STUDIES

EXERCISE BOOK

文英堂

実力アップが実感できる問題集です。

1 初めの「重要ポイント/ポイント一問一答」で, 定期テストの要点が一目でわかる!

2 「3つのステップにわかれた練習問題」を順に解くだけの段階学習で, 確実にレベルアップ!

3 苦手を克服できる別冊「解答と解説」。問題を解くためのポイントを掲載した, わかりやすい解説!

入試問題で, 実戦力を鍛える!

模擬テスト

実際の高校入試過去問にチャレンジしましょう。

標準問題

定期テストで「80点」を目指すために解いておきたい問題です。

差がつく 解くことで, 高得点をねらう力がつく問題。

カンペキに仕上げる!

実力アップ問題

定期テストに出題される可能性が高い問題を, 実際のテスト形式で載せています。

基礎問題

定期テストで「60点」をとるために解いておきたい, 基本的な問題です。

重要 みんながほとんど正解する, 落とすことのできない問題。

ミス注意 よく出題される, みんなが間違えやすい問題。

基本事項を確実におさえる!

重要ポイント/ポイント一問一答

重要ポイント 各単元の重要事項を1ページに整理しています。定期テスト直前のチェックにも最適です。

ポイント 一問一答 重要ポイントの内容を覚えられたか,チェックしましょう。

もくじ

❶ 私たちが生きる現代社会

重要ポイント

① 日本経済の成長と国民生活

□ **高度経済成長**…1950年代後半から1973年の**石油危機**まで続いた，飛躍的な経済の成長。国内総生産(GDP)が年平均10％前後の水準でのびた。

□ **豊かな消費生活**…家庭用電化製品や自動車などの**耐久消費財**の普及。**インスタント・レトルト食品**の普及，外食産業の発達。**食料自給率は低下**。

② 現代社会の特色

□ **グローバル化**…グローバリゼーションともいう。交通・通信手段の発達により，人
└▸インターネットなど
や商品，情報などの国境をこえたボーダーレスの移動がさかんに。

□ **少子高齢化**…**合計特殊出生率低下・高齢者増加**(少子高齢社会)➡**社会保障**の要拡充。

③ 現代社会と文化

□ **文化**…**科学**，**芸術**，**宗教**など。科学は技術を発展させ，芸術は人生を豊かにし，宗教は心のいやしを与える。

□ **伝統文化**…人々に受け継がれてきた文化➡**能や歌舞伎**，**茶道や華道**などの芸能や芸術。衣食住，年中行事，冠婚葬祭などの生活文化。

□ **文化財の保護**…国は文化財保護法を制定し，文化財の保存と活用につとめている。

④ 多文化共生を目指して

□ **ユニバーサルデザイン**…障がいの有無などにかかわらず，だれもが利用しやすいデザイン。

□ **多文化共生**…異なる人々が対等な関係で生きていくこと。日本の在留外国人数は約290万人(2019年)。**ダイバーシティ(多様性)**の考え方が重要である。

⑤ 人間と社会集団

□ **人間は社会的存在**…**家族**などの**社会集団**に属し，その一員として生きていく。人間
└▸夫婦だけ，または夫婦(一人親)と未婚の子からなる家族を「核家族」という
は社会的存在。

□ **対立と合意**…対立がおこった時には，互いに話し合って合意を得る努力が大切。決まりをつくるときの方法として多数決を行う時には，**少数意見を尊重**することが大切。

□ **効率と公正**…むだをなくし，**手続きと結果の公正**を考えることが必要。

テストでは
ココが
ねらわれる

●現代社会の特色について，グローバル化・情報化・少子高齢化という**言葉の意味**をおさえよう。
●経済の国際化や多文化社会の意味を確認しておこう。
●対立から合意にいたる，「効率」と「公正」の考え方を理解しておこう。

ポイント **一問一答**

① 日本経済の成長と国民生活

☐ (1) 1950年代後半に始まった，日本の経済成長を何というか。

☐ (2) (1)の経済成長を終わらせたできごとを何というか。

② 現代社会の特色

☐ (1) 人などが国境をこえて移動し，世界が一体化することを何というか。

☐ (2) 合計特殊出生率が低下し，高齢化が進んだ社会を何というか。

③ 現代社会と文化

☐ (1) 歴史の中で，人々に受け継がれてきた文化を何というか。

☐ (2) 文化財の保存と活用を進めるための，日本の法律は何か。

④ 多文化共生を目指して

☐ (1) 言語や障がいの有無にかかわらず，だれもが利用しやすいように工夫された製品やサービスのデザインを何というか。

☐ (2) 国籍や民族などの異なる人々が互いに認め合い，対等な関係で生きていくことを何というか。

⑤ 人間と社会集団

☐ (1) 夫婦だけ，または夫婦(一人親)とその未婚の子どもだけからなる家族を何というか。

☐ (2) 多数決を行うとき，多数の意見が尊重されるべきなので，少数意見は無視してもよい。○か×か。

☐ (3) (　　　)が起こった時には，互いに受け入れられる解決策を話し合い，合意を目指すことが必要とされる。

答

① (1) 高度経済成長　(2) 石油危機
② (1) グローバル化(グローバリゼーション)　(2) 少子高齢社会
③ (1) 伝統文化　(2) 文化財保護法
④ (1) ユニバーサルデザイン　(2) 多文化共生
⑤ (1) 核家族　(2) ×　(3) 対立

基 礎 問 題

▶答え　別冊p.2

1 〈国際化の進展と文化の共存〉 **重要**

次の文を読み，あとの各問いに答えなさい。

　現在は，外国でつくられた商品を近くのスーパーで買ったり，飛行機を使えば外国に簡単に旅行できる時代である。スポーツや政治のことがらなど世界各地でおこったできごとは，すぐに各国のテレビなどで紹介される。

　この背景としては，航空機などの（ ① ）の発達や（ ② ）の普及などの通信技術の発達があげられる。現代は，このように**A世界の一体化が進んでいる**時代である。世界が一体化しつつある現在，私たちは**B外国の文化を持った人たちと共生**するとともに，日本の（ ③ ）文化を守り，受け継ぐことが求められている。

(1) 文中の空欄①〜③のそれぞれに入る適切な語を，次の**ア〜オ**から１つずつ選べ。

　　　　　　　　　　　　　　　　　　　　① [　　　] ② [　　　] ③ [　　　]

　ア 伝統　　**イ** 古代　　**ウ** インターネット　　**エ** 科学技術　　**オ** 合意

(2) 下線部**A**について，このように世界が一体化することを何というか。

　　　　　　　　　　　　　　　　　　　　　　　　　　　[　　　　　　　　　　]

(3) 下線部**B**について，このことを何というか。　　　　[　　　　　　　　　　]

(4) 日本の年中行事としてあげられるものを，次の**ア〜オ**から１つ選べ。

　　　　　　　　　　　　　　　　　　　　　　　　　　　[　　　　　　　　　　]

　ア 歌舞伎（かぶき）　**イ** 能（のう）　**ウ** 彼岸（ひがん）　**エ** 葬式（そうしき）　**オ** 海開き

2 〈社会集団ときまり〉

次の文を読み，あとの各問いに答えなさい。

　私たちは，家族など社会集団のメンバーとして生活している。人間は１人では生きていくことがむずかしいからである。このため，人間は（　　　）存在であるともいわれている。

　さて，人々が生活していくときに，考え方のちがいなどで，対立やまさつが生じることがある。そのような時には，**Aむだを省くこと**と，**B特定の人が不利にならないこと**に注意しながら，合意を目指さなければならない。

(1) 文章中の空欄にあてはまる語を，漢字３字で書け。　　[　　　　　　　　　　]

(2) 下線部**A**について，このことを何というか，漢字２字で書け。[　　　　　　　　]

(3) 下線部**B**について，このことを何というか，漢字２字で書け。[　　　　　　　　]

(4) ものごとを決める時には多数決が採用されることが多いが，その際に大切なのは，十分な話し合いと，もう１つは何か，書け。　　[　　　　　　　　　　　　　　　　]

3 〈現代社会の特色〉
次の文章を読み，あとの各問いに答えなさい。

　現代は国際化の時代であり，人・モノ・金が国境をこえて行きかうようになっているが，（ ① ）もまた世界を飛びかい，（ ① ）の価値と役割が大きな地位を占める（ ① ）社会となっている。これは，（ ② ）革命とよばれる技術革新によるところが大きい。

　また，日本においては，子どもの数が減るいっぽうで，65歳以上の人口の割合が高まるという(③)社会の時代をむかえている。

(1) 空欄①に共通してあてはまる語を，漢字2字で書け。　　　　　　[　　　　　]

(2) 空欄②にあてはまるアルファベット略号を答えよ。　　　　　　[　　　　　]

(3) 空欄③にあてはまる語を，漢字4字で書け。　　　　　　　　　[　　　　　]

(4) 下線部の要因としてあてはまらない文を，次のア〜エから1つ選べ。　[　　　]

　　ア　男女ともに晩婚化が進み，また，結婚しない人も増えている。

　　イ　医療技術が発達し，また，健康への意識が高まっている。

　　ウ　外食産業やレジャー産業が発達し，大量消費の時代となった。

　　エ　夫婦共働きの家庭が増えているが，保育所などの子育て支援施設が不足している。

4 〈家族の役割と家族関係〉
次の各問いに答えなさい。

(1) 右の図は，家族の働きを表したものである。A〜Cにあてはまるものを，次のア〜エから1つずつ選べ。

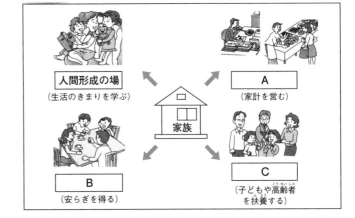

　　A [　　　] B [　　　]
　　C [　　　]

　　ア　心身の休息の場

　　イ　経済活動の単位

　　ウ　男女平等の場　　**エ**　養育や介護の場

(2) 男女がともに能力を発揮できる社会の実現をめざして，1999年に施行された法律を何というか。次のア〜ウから1つ選べ。　　　　　　　　　[　　　　　]

　　ア　男女雇用機会均等法　　**イ**　男女共同参画社会基本法　　**ウ**　女子差別撤廃条約

(3) 夫婦だけ，または夫婦(一人親)と未婚の子からなる家族を何というか。

　　　　　　　　　　　　　　　　　　　　　　　　　　　　[　　　　　]

ヒント

1 (4) 年中行事とは，毎年ある時期にきまって行われる文化的行事のこと。

2 (4) 多数決といっても，全員が賛成とは限らないことを考えてみよう。

3 (3) 子どもの数が少なくなり，高齢者の割合が増えてきている社会のこと。

標 準 問 題

▶答え　別冊 p.2

1 〈耐久消費財〉 ➡重要

次のグラフは，おもな耐久消費財の普及率の変化を表したものである。これを見て，あとの各問いに答えなさい。

(1) グラフから読み取れることとして，次の①〜④の各文の内容が正しければ○，誤っていれば×と答えよ。

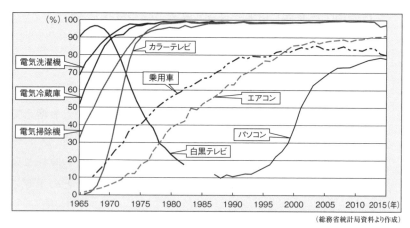

（総務省統計局資料より作成）

① 電気洗濯機，電気冷蔵庫，電気掃除機は，1965年に普及率が70％をこえている。

[　　　]

② カラーテレビの普及率が，白黒テレビのそれを上回ったのは，1970年である。　[　　　]

③ 乗用車とエアコンをくらべると，乗用車の普及率の高まりが早かったが，1990年代後半には逆転している。　[　　　]

④ パソコンは，2000年から2005年の5年間で，普及率が50％上昇している。　[　　　]

(2) 電気洗濯機，電気冷蔵庫，テレビの普及などが進んだ高度経済成長の時期には，人々の生活が豊かになる一方で，さまざまな社会問題が発生した。高度経済成長の時期に見られた社会問題について，次の①・②の文に続く内容を，それぞれ20字以内で書け。

① 産業発展優先政策がとられたため，[　　　　　　　　　　　　　　　　　　　　]

② 農村の人口が都市へと流出したため，[　　　　　　　　　　　　　　　　　　　]

2 〈少子高齢社会〉

次の各問いに答えなさい。

(1) 1人の女性が一生のあいだに生む子どもの数の平均値を何というか。[　　　　　　　]

(2) 2019年現在の日本の，①(1)の数値，②65歳以上人口の割合，のそれぞれに最も近い数値を，次のア〜カから1つずつ選べ。　①[　　　] ②[　　　]

　ア　1.4　　　イ　2.5　　　ウ　3.0　　　エ　17%　　　オ　28%　　　カ　39%

3 〈情報社会〉🏫がつく

社会科の授業で，Ｙさんのグループは，「インターネットの光と影」というテーマで新聞をつくった。この新聞の一部を読み，新聞の中にある資料Ａ，資料Ｂにあてはまるグラフを，下のア〜ウの中から１つずつ選びなさい。また，新聞の中にある□□□□に共通してあてはまる語を漢字４字で書きなさい。さらに，下のカ〜クの文章のうち正しいものを１つ選びなさい。

Ｙさんのグループが作成した新聞の一部

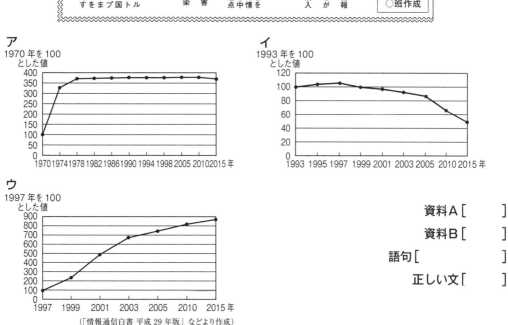

資料Ａ［　　　　］

資料Ｂ［　　　　］

語句［　　　　］

正しい文［　　　　］

カ　インターネットの普及により，テレビ・新聞など従来のマスメディアの役割はおとろえてしまった。

キ　インターネットや携帯電話の普及により，情報格差というものはなくなった。

ク　インターネットには，誤った情報が瞬時（しゅんじ）に広まりやすいという悪い面がある。

実力アップ問題

◎制限時間**20**分
◎合格点**80**点
▶答え　別冊p.3

点

1 次の各問いに答えなさい。　　　　　　　　　　　　　　　　　　　　　　　　　　　　　　　　〈(1)(2)8点×2，(3)10点〉

(1) 次の**ア**〜**ウ**は，1960年，2010年，2060年のいずれかの人口ピラミッドである。**ア**〜**ウ**を年代の古い順に並び替えよ。

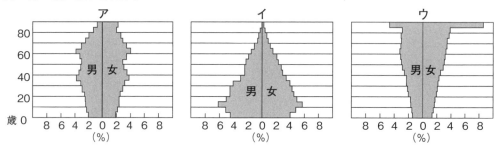

(「世界国勢図会2020/21年版」などより作成)

(2) 次の文中の(　　　)に共通してあてはまる語句を書け。

> 現在，日本では少子高齢化が問題となっている。このうち，少子化の背景には，女性の社会進出に伴う仕事と子育ての両立のための環境整備の遅れや，晩婚化などによる(　　　)の減少がある。(　　　)は，1人の女性が一生のうちに生む子どもの数の平均値を示している。

(3) 右の**資料**は，国民の年金負担の推移を示している(2030，2050年度は推計)。**資料**から読み取れる，日本の年金負担の将来的な変化を，簡潔に書け。

資料

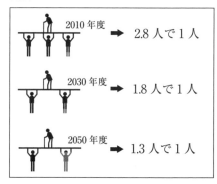

(1)	$\rightarrow$　　　$\rightarrow$	
(2)		
(3)		

2 次の文を読み，あとの各問いに答えなさい。　　　　　　　　　　　　　　　　　　　　　　　〈(1)(2)10点×3，(3)12点〉

> 文化とは人々が生活をする中で受けつがれてきた有形，無形の財産である。文化には，技術の進歩によって人々の生活を便利にしてきた科学や，神や仏などの存在を考え，自分の生き方を考える(　①　)，絵画や映画，音楽など，精神的な面で人々を豊かにしてきた(　②　)がある。こういった文化は，日本の中でも地域によってちがいが見られ，例えば正月に食べられる雑煮も，東日本は角もちが中心なのに対して，西日本は丸もちが中心である。また，**A**北海道や沖縄には，独自の文化が残っている。

(1) （　①　），（　②　）にあてはまる語句を，それぞれ漢字2字で書け。

(2) 下線部**A**について，北海道の先住民族を何というか。

(3) 伝統文化について述べた次の文中の（　③　）にあてはまる言葉を，簡潔に書け。

> 少子高齢化や過疎化（かそ）などにより，（　③　）が問題となっている。

(1)	①		②		(2)	
(3)						

---

3 次の各問いに答えなさい。　　　　　　　　　　　　　　　　　　　　　〈8点×2〉

(1) 右の**資料**は，2018年の在留外国人数と地域別の割合を示している。この資料から読み取れることを述べた文として適切なものを，次の**ア〜エ**から1つ選べ。

　ア　アジア州出身の在留外国人数は，200万人をこえている。

　イ　ヨーロッパ州出身の在留外国人は，南アメリカ州よりも多い。

　ウ　アフリカ州とオセアニア州を合計した人数は，北アメリカ州よりも多い。

　エ　在留外国人が3番目に多い地域は，北アメリカ州である。

資料

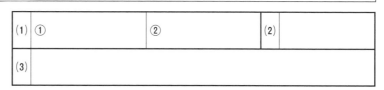

（「在留外国人統計2018年版」より作成）

(2) 多文化共生を目指す社会においては，それぞれの多様性を尊重することが大切である。多様性を意味する言葉として最も適当なものを，次の**ア〜エ**から1つ選べ。

　ア　バリアフリー　　　**イ**　リテラシー　　　**ウ**　グローバル　　　**エ**　ダイバーシティ

(1)		(2)	

---

4 次の各問いに答えなさい。　　　　　　　　　　　　　　　　　　　　　〈8点×2〉

(1) 最も身近な社会集団として適当なものを，次の**ア〜エ**から1つ選べ。

　ア　職場　　　**イ**　家族　　　**ウ**　議会　　　**エ**　学校

(2) 次の文中の（　　　）にあてはまる語句を，漢字4字で書け。

> 多数決で物事を決めるときは，（　　　）を尊重することが重要である。

(1)		(2)	

❷人権と日本国憲法

重要ポイント

① 人権思想のおこり

☐ **近代民主主義の始まり**…ルネサンス・宗教改革によるヒューマニズムや神の前の

平等，個人の自由と尊厳の考え。

☐ **啓蒙思想**…人間の自由な発想や活動を促す思

想。フランス革命に影響を与える。

☐ **社会契約説**

・ロック（イギリス）…『市民政府二論』。
　└→抵抗権を主張

・モンテスキュー（フランス）…『法の精神』。
　└→三権分立を主張

・ルソー（フランス）…『社会契約論』。
　└→人民主権を主張

② 人権思想の歴史

☐ **人権思想の成立**…社会契約説に影響を受けた

市民革命などを経て成立。

☐ **人権思想**…自由権と平等権が中心。20世紀に
　　　　　　└→国家権力からの自由（18世紀的人権）

は，普通選挙の確立，**社会権**の成立。
国家が個人の生活を保障（20世紀的人権）└→

☐ **社会権**…人間らしい豊かな生活を保障される

権利。1919年，ドイツのワイマール憲法で生
　社会権（＝人間たるに値する生活）を保障└→

存権を初めて保障。

☐ **大日本帝国憲法**…1889年発布。**天皇主権**。国民は天皇が与える「**臣民の権利**」を持
　　　　　└→ドイツ（プロイセン）の憲法を手本。明治憲法

つと定められる。

☐ **日本国憲法**…1945年，ポツダム宣言を受諾し，憲法改正を進める。

→1946年11月3日公布，1947年5月3日施行。国の**最高法規**。

世紀	できごと
13	←マグナ＝カルタ
14	←ルネサンス
	（ヒューマニズム）
16	←宗教改革…ルター，カルバン
17	←清教徒革命
	←名誉革命…権利章典
18	←アメリカ独立戦争…独立宣言
	←フランス革命…人権宣言
19	←大日本帝国憲法
20	←ワイマール憲法
	←日本国憲法
	←世界人権宣言
	←国際人権規約

▲人権思想の発達

③ 日本国憲法の基本原則

☐ **国民主権**…国民が政治の決定権を持ち，国民の意思にもとづいて政治を行う。

☐ **平和主義**…戦争を放棄，戦力を持たない，交戦権を認めない（憲法第9条）。

☐ **基本的人権の尊重**…自由に人間らしく生きていく権利を保障。

☐ **憲法の改正**…国会が発議→国民投票で過半数の賛成→天皇が公布。

（日本国憲法の三原則）

ポイント 一問一答

① 人権思想のおこり

☐ (1)『市民政府二論』をあらわしたイギリスの思想家はだれか。

☐ (2)フランスのモンテスキューの代表的な著作は何か。

☐ (3)『社会契約論』をあらわしたフランスの思想家はだれか。

☐ (4)ルターやカルバンによって行われたキリスト教の改革運動を何というか。

☐ (5)14～16世紀に，イタリアを中心におこった文芸復興運動を何というか。

② 人権思想の歴史

☐ (1)1688～89年の名誉革命の時に，議会が制定した法律は何か。

☐ (2)1776年にアメリカの独立の時に出された宣言は何か。

☐ (3)革命ののち，1789年に出された人権宣言はどこの国のものか。

☐ (4)18世紀の人権は平等権と（　　　）が中心であった。

☐ (5)1919年，社会権を初めて保障したドイツの憲法は何か。

☐ (6)大日本帝国憲法における主権者はだれであったか。

☐ (7)大日本帝国憲法は，どこの国の憲法を手本につくられたか。

☐ (8)日本国憲法は，西暦何年何月何日に施行されたか。

③ 日本国憲法の基本原則

☐ (1)政治の決定権を国民が持つことを何というか。

☐ (2)日本国憲法の三原則のうち，戦争を放棄し，戦力を持たないことなどを何というか。

☐ (3)日本国憲法の三原則のうち，自由に人間らしく生きていく権利を保障することを何というか。

☐ (4)憲法の改正の発議を行う国の機関は何か。

答

① (1) ロック　(2) 法の精神　(3) ルソー　(4) 宗教改革　(5) ルネサンス

② (1) 権利章典　(2) 独立宣言　(3) フランス　(4) 自由権　(5) ワイマール憲法　(6) 天皇
(7) ドイツ（プロイセン）　(8) 1947年5月3日

③ (1) 国民主権　(2) 平和主義　(3) 基本的人権の尊重　(4) 国会

基 礎 問 題

1 〈人権思想の歴史〉🔑重要
次の文を読み，あとの各問いに答えなさい。

> 17～18世紀のヨーロッパでは，ⓐ思想家らによって人権思想が確立され，その思想はⓑ近代市民革命に大きな影響を与えた。わが国では，1889年にⓒ明治憲法が成立するが，[ⓓ] を主権者と定め，また人権は法律によって制限できるものとされた。
> その後，資本主義経済の発展とともに，社会の中の貧富の差が拡大し，社会的弱者を守る [ⓔ] が重視されるようになり，この権利は，1919年にドイツのワイマール憲法で確立された。

(1) 下線部ⓐについて，①著書『市民政府二論』で社会契約説をとなえた思想家，②著書『法の精神』で権力の分立をとなえた思想家の名を，それぞれ答えよ。

① [　　　　　　　　　　　] ② [　　　　　　　　　　　]

(2) 下線部ⓑにあてはまらないものを，次のア～エから1つ選べ。　　[　　　]

　ア　アメリカ独立戦争　　　イ　産業革命　　　ウ　フランス革命　　　エ　名誉革命

⚠ミス注意 (3) 下線部ⓒの正式な名称を書け。　　　　　　　　　[　　　　　　　]

(4) 文中の [ⓓ] にあてはまる語句を書け。　　　　　　[　　　　　　　]

(5) 文中の [ⓔ] にあてはまる語句を，次のア～ウから1つ選べ。　[　　　]

　ア　自由権　　　イ　平等権　　　ウ　社会権

2 〈近代民主主義のめばえ〉
次の文を読み，あとの各問いに答えなさい。

> 人間の尊重という近代民主主義の精神は，14世紀ごろヨーロッパでおこった ① のヒューマニズムに始まる。 ① は，古代 ② ・ローマに見られた人間中心の合理的な考え方と， ③ 教の人類愛の思想とが結びついて生まれ，合理主義と人間尊重の精神を人々の間に広めた。

(1) 文中の ① ～ ③ にあてはまる語句を，次の語群から1つずつ選べ。

① [　　　] ② [　　　] ③ [　　　]

〔語群〕ア　スイス　　　イ　ギリシャ　　　ウ　仏

　　　　エ　キリスト　　　オ　ルネサンス

(2) 16世紀にルター，カルバンらがおこしたキリスト教の改革運動を何というか。

[　　　　　　　　　　　]

14

3 〈人権獲得の歴史〉 🔑重要

人権獲得の歴史に関して，次の資料A～Cは，それぞれフランス人権宣言，ワイマール憲法，アメリカ独立宣言の一部である。これを見て，あとの各問いに答えなさい。

A　フランス人権宣言

> 第1条　人は生まれながら，自由で ① な権利を持つ。社会的な差別は，ただ公共の利益(りえき)に関係のある場合にしか設けられてはならない。

B　ワイマール憲法

> 第151条　経済生活の安定は，すべての人に ② たるに値(あたい)する生活を保障する目的を持つ正義の原則に適合しなければならない。

C　アメリカ独立宣言

> われわれは，自明(じめい)の真理として，すべての人は ① につくられ，造物主(ぞうぶつしゅ)によって，一定のうばいがたい天賦(てんぷ)の権利を付与(ふよ)され，その中に生命・自由および幸福追求のふくまれることを信ずる。

(1) 資料中の ① および ② にあてはまる語句を書け。

　　　　　　　　　　① [　　　　　　　] ② [　　　　　　　]

(2) 資料のA～Cのうち，社会権について定めたものを1つ選べ。　　　[　　　　]

(3) 資料のA～Cを年代の古い順に並べるとどのようになるか，その記号を順に書け。

　　　　　　　　　　　　[　　　　→　　　　→　　　　]

4 〈日本国憲法の原則〉

次の文を読み，空欄(らん)にあてはまる語句(①は西暦(せいれき)，②は月日)を答えなさい。

日本国憲法は， ① 年11月3日に公布され，翌年(よくねん)の ② から施行(しこう)された。この憲法により，天皇主権は ③ 主権へとかわり，天皇は日本国および日本国民統合の ④ として，憲法に定められた ⑤ のみを行うこととなった。また，第二次世界大戦の反省から， ⑥ 主義がつらぬかれ， ⑦ の尊重とともに，この憲法の基本原則となっている。なお，日本国憲法の改正は， ⑧ が発議し，国民投票による承認を得なければならない。

① [　　　　　　] ② [　　　　　　] ③ [　　　　　　] ④ [　　　　　　]
⑤ [　　　　　　] ⑥ [　　　　　　] ⑦ [　　　　　　] ⑧ [　　　　　　]

💡ヒント ────

1 (2) イの産業革命はイギリスから始まった経済と社会の大きな変化である。
2 (1) ① 「14世紀ごろヨーロッパでおこった」「人間中心の合理的な考え方」がヒント。
3 B. ワイマール憲法は，1919年に制定された。

1 〈人権の歴史と大日本帝国憲法〉🔑重要
右の年表を見て，次の各問いに答えなさい。

(1) 年表中の**A**～**C**はどこの国のできごとか。国名を
書け。　　　　　　　　　　[　　　　　　　　]

⚠ミス注意 (2) 年表中の**D**のときに発表され，「人は生まれなが
らに自由で平等な権利を持つ」ことを明らかにし
た宣言文を何というか。

[　　　　　　　　]

(3) 年表中の**E**のさなか，奴隷解放宣言を発して，人
権確立の歴史に大きな足跡を残したアメリカ大統
領はだれか。　　　　[　　　　　　　　]

年代	で き ご と
1215	マグナ＝カルタ……………A
1642	清教徒（ピューリタン）革命…B
1689	権利章典………………C
1776	アメリカ独立宣言
1789	フランス革命…………D
1861	アメリカ南北戦争………E
1889	大日本帝国憲法発布………F

(4) 年表中の**F**の憲法は，どこの国の憲法を参考に作成されたか。次の**ア**～**エ**から1つ選べ。また，
その憲法が参考にされた理由を簡潔に書け。

記号 [　　] **理由** [　　　　　　　　　　　　　　　　　　　　]

ア アメリカ　　**イ** フランス　　**ウ** ドイツ　　**エ** イギリス

(5) 年表中の**F**の憲法について，あてはまるものを，次の**ア**～**エ**から1つ選べ。　[　　　]

ア 平和主義を基本原理とした。　　**イ** 人権は法律によって制限された。
ウ 天皇は日本の象徴とされた。　　**エ** 国民が定めた憲法であった。

(6) 1919年，「人間に値する生活を保障する」として初めて社会権（生存権）を明文化した憲法を何
というか。　　　　　　　　　　　　　[　　　　　　　　　　]

2 〈人権思想家〉⚠ミス注意
17～18世紀のヨーロッパでは，多くの思想家が出て，人権思想や民主主義思想の普及に努め
た。次の表は，その代表的な思想家3人についてまとめたものである。これについて，次の
各問いに答えなさい。

(1) 表の空欄**A**・**B**・**C**に入る国名，代表的著書名，思想家名を答えよ。

国	思 想 家	著 書
A	ロック	『市民政府二論』
フランス	モンテスキュー	B
フランス	C	『社会契約論』

A [　　　　　　]
B [　　　　　　]
C [　　　　　　]

(2) これらの思想家がとなえた，「国家は，人々のあいだの約束，契約によって成り立っている」
という説を，何というか。　　　　　　　[　　　　　　　　　　]

3 〈人権思想の発達〉
次の文を読み，あとの各問いに答えなさい。

> 資本主義が発達するにつれ，**A**さまざまな社会問題が発生した。20世紀にはいると，経済的・社会的な不平等をなくそうとする考え方がおこり，新しく ① が認められるようになった。このため，自由権を ② というのに対して， ① を20世紀的人権という。
> 第一次世界大戦の直後， ③ でワイマール憲法が制定され，世界で初めて， ① の規定がもりこまれた。

(1) 文中の ① に入る語句を書け。 [　　　　]

(2) 文中の ② ， ③ に入る適切な語句を，次の**ア～エ**からそれぞれ1つずつ選べ。
　　ア 18世紀的人権　　**イ** 17世紀的人権　　②[　　] ③[　　]
　　ウ ドイツ　　**エ** イギリス

(3) 下線部**A**について，さまざまな社会問題として適当でないものはどれか。次の**ア～ウ**から1つ選べ。 [　　]
　　ア 労働者と資本家の対立　　**イ** 人口増大による食料不足　　**ウ** 貧富の差の拡大

4 〈憲法の性格〉
次の各問いに答えなさい。

(1) 憲法は，国の政治の基本を定めており，国の（　　）である。（　　）にあてはまる言葉を書け。 [　　　　]

(2) 日本国憲法が保障している，人が生まれながらにして持つ自由や平等などの権利を何というか。 [　　　　]

(3) 日本国憲法における主権者は国民である。
　　① 大日本帝国憲法では，主権はだれにあったか。 [　　　　]
　　② 国民主権の意味を簡単に説明せよ。
　　[　　　　　　　　　　　　　　　　　]

5 〈日本国憲法の改正〉
日本国憲法の改正について，次の各問いに答えなさい。

(1) 憲法改正の手続きを示した次の文の空欄をうめよ。
　「憲法改正は，各議院の総議員の①[　　　　]以上の賛成で，②[　　　　]が発議し，国民に提案して，国民投票でその③[　　　　]の賛成を得なければならない。改正された憲法は，天皇が④[　　　　]の名においてただちに公布する。」

(2) 次の文が正しければ○，誤りであれば×の印をつけよ。
　① 日本国憲法は，裁判所の違憲立法審査により，たびたび改正されている。 [　　]
　② 憲法改正に関する国民投票法は，1946年の日本国憲法公布と同時に成立した。 [　　]
　③ 憲法改正の公布は，天皇の国事行為の1つである。 [　　]

❸ 基本的人権とこれからの人権保障

重要ポイント

① 憲法の基本原則と国民

☐ **国民主権と象徴天皇制**…国民主権のもと，国民の総意により，天皇は，日本国と日本国民統合の象徴として存在。天皇は，国政に関する権限をもたず，内閣の助言と承認により，憲法に定められた形式的・儀礼的な国事行為のみを行う。

☐ **天皇の国事行為**…**内閣総理大臣・最高裁判所長官の任命**，憲法改正・法律・政令・条約の公布，国会の召集，衆議院の解散，外国の大使・公使の接受など。

☐ **平和主義と国民**…自衛隊の存在と自衛隊の国連平和維持活動(PKO)への参加。日米安全保障条約と沖縄米軍基地問題。国是としての非核三原則，非核自治体宣言。

☐ **基本的人権の尊重**…すべて国民は個人として尊重される。国民の生命・自由・幸福追求に対する権利は，公共の福祉に反しない限り最大限に尊重。

☐ **国民の三大義務**…勤労の義務，納税の義務，子どもに普通教育を受けさせる義務。

② 基本的人権の内容

☐ **平等権**…平等な扱いを受ける権利。法の下の平等→人種・信条・性別・社会的身分などで差別されない。男女の本質的平等。しかし，いまだにさまざまな差別が残る。

☐ **自由権**…自由に生きる権利。

・精神の自由…**思想・良心の自由**，**信教の自由**，**学問の自由**，**表現の自由**など。

・身体の自由…奴隷的拘束および苦役からの自由，不当な逮捕からの自由。

・経済活動の自由…**居住・移転や職業選択の自由**，財産権の保障。

☐ **社会権**…人間らしく生きる権利。

・生存権…**健康で文化的な最低限度の生活を営む権利**(憲法第25条)。

・教育を受ける権利…文化的生存権といわれる。義務教育は無償。

・勤労の権利と労働基本権(労働三権)…**団結権・団体交渉権・団体行動権**(争議権)。

☐ **人権を守るための権利**…基本的人権を確実に保障するために定められた権利。

・参政権…**選挙権と被選挙権**，裁判官の国民審査，憲法改正の国民投票，**請願権**など。

・請求権…**裁判を受ける権利**，国家賠償請求権，刑事補償請求権など。

☐ **新しい人権**…憲法に明記されていないが，社会の変化に対応して認められた権利。良好な生活環境を求める**環境権**，個人の私生活を守る**プライバシーの権利**，さまざまな情報を知る権利→国の**情報公開法**や地方の情報公開制度，自己決定権など。

ポイント 一問一答

① 憲法の基本原則と国民

□ (1) 天皇は, 日本国民統合のどのような存在とされているか。

□ (2) 天皇が行う形式的・儀礼的な公務を何というか。

□ (3) 天皇は, (　　　)と(　　　)を任命する。

□ (4) 日本がかかげている核兵器を「持たず, つくらず, 持ちこませず」という原則を, 何というか。

□ (5) 自衛隊も参加している国連平和維持活動のことを, アルファベットの略語で書け。

□ (6) 人権が制限されることもある公の利益を何というか。

□ (7) 憲法に定められた国民の三大義務とは, 勤労の義務, 子どもに普通教育を受けさせる義務のほか, 何か。

② 基本的人権の内容

□ (1) だれもが同じ扱いを受ける権利を何というか。

□ (2) 信教の自由は, 自由権の3種類のうちのどれか。

□ (3) 職業選択の自由は, 自由権の3種類のうちのどれか。

□ (4) 20世紀的人権ともいわれる, 人間らしく生きる権利を何というか。

□ (5) 日本国憲法で生存権を規定しているのは, 第何条か。

□ (6) 労働基本権とは, どのような権利か。3つともあげよ。

□ (7) 人権を守るための権利で, 選挙権・被選挙権・国民投票権などを総称して何というか。

□ (8) 新しい人権で, 良好な生活環境を求める権利を何というか。

□ (9) 新しい人権で, 個人の私生活をみだりに公開されない権利を何というか。

□ (10) 国民の知る権利を保障するための国の法律は何か。

□ (11) 自分のことは自分で自由に決定できる権利を何というか。

答

① (1) 象徴　(2) 国事行為　(3) 内閣総理大臣, 最高裁判所長官(順不同)　(4) 非核三原則
(5) PKO　(6) 公共の福祉　(7) 納税の義務

② (1) 平等権　(2) 精神の自由　(3) 経済活動の自由　(4) 社会権　(5) 第25条
(6) 団結権・団体交渉権・団体行動権　(7) 参政権　(8) 環境権　(9) プライバシーの権利
(10) 情報公開法　(11) 自己決定権

1 〈天皇の地位〉

日本国憲法の次の条文を読み，あとの各問いに答えなさい。

> 第1条 天皇は，日本国の ① であり日本国民統合の ① であって，この地位は，② の存する日本国民の総意に基く。
>
> 第3条 天皇の国事に関するすべての行為には， ③ の助言と承認を必要とし，③ が，その責任を負う。

(1) 文中の空欄①〜③に適する語句を，次の**ア〜ク**から1つずつ選べ。

① [　] ② [　] ③ [　]

ア 元首　　イ 象徴　　ウ 主権　　エ 権威　　オ 内閣総理大臣

カ 国会　　キ 内閣　　ク 摂政

⚠ ミス注意 (2) 天皇が任命するのは，次の**ア〜カ**のうちどれか。2つ選べ。

[　][　]

ア 衆議院議長　　　イ 最高裁判所長官　　ウ 国務大臣

エ 内閣総理大臣　　オ 参議院議長　　　カ 国連大使

(3) 次の**ア〜オ**のうち，天皇の国事行為ではないものを1つ選べ。 [　]

ア 国会を召集すること　　イ 衆議院を解散すること　　ウ 法律を公布すること

エ 栄典を授与すること　　オ 条約を承認すること

2 〈平等権と自由権〉 **重要**

次の各問いに答えなさい。

(1) 次の憲法条文の空欄①・②にあてはまる語句を書け。

① [　] ② [　]

> 「すべて国民は，[①]の下に平等であって，人種，信条，性別，社会的身分又は門地により，政治的，経済的又は社会的関係において，[②]されない。」

(2) (1)の条文の下線部に関して，古くから北海道やサハリンなどを居住地として生活してきた少数民族を何というか。 [　]

(3) 右の図は，自由権を3つに分けたものである。図のa〜cにあてはまる語句を，それぞれ次の**ア〜エ**から選び，記号を空欄に書け。

a	……思想・良心の自由など
b	……不当な逮捕からの自由など
c	……職業選択の自由など

ア 経済活動の自由　　イ 精神の自由　　ウ 身体の自由　　エ 勤労の自由

3 〈社会権〉 →重要

次の文章を読み，あとの各問いに答えなさい。

日本国憲法第25条には，「すべて国民は，（ ① ）で（ ② ）的な最低限度の生活を営む権利を有する」という定めがある。これは，社会権のうちの（ ③ ）権を保障したものとして知られる。

(1) 文中の空欄①～③にあてはまる語句を，それぞれ漢字2字で書け。

① [　　　　] ② [　　　　] ③ [　　　　]

(2) 文中の「 」内の文章は，第25条の第1項である。第2項では，そのための国の社会的責任が定められている。それはどのようなことか。次のア～オから1つ選び，記号で答えよ。 [　　　　]

ア　社会保障制度の整備・増進　　イ　健全な財政の運営　　ウ　社会資本の整備

エ　外国との友好関係の推進　　オ　教育制度の充実

(3) 社会権として，労働者のための労働基本権も保障されている。労働基本権のうち，労働組合をつくる権利を何というか。 [　　　　]

4 〈新しい人権と人権保障の国際化〉

次の文章を読み，あとの各問いに答えなさい。

基本的人権は，人間が生まれながらに持っている権利で，侵すことのできない永久の権利であるが，A制限されることがある。また，B社会の変化・発展とともに，新しい人権として認められるようになった権利もある。

人権保障について，世界に目を転じると，自由権が侵害されたり，生存権がないがしろにされたりしている地域も少なくない。C国際的な人権条約もいくつか成立しているが，それが成果をだすには，世界の人々の理解・協力が必要である。

(1) 下線部Aに関連して，多数の人々の人権を保障するために，一部の人の人権を制限する場合があるが，このような人権の限界のことを何というか。 [　　　　]

(2) 下線部Bに関連して，次の問いに答えよ。

① 政府や企業が持つ情報を，国民が得る権利を何というか。 [　　　　]

② 個人の私生活を，みだりに公開されない権利を何というか。 [　　　　]

③ 人間が，快適な環境の中で生活する権利を何というか。 [　　　　]

(3) 下線部Cに関連して，世界の子どもが持っている権利などについて，1989年に国連で採択された条約は何か。 [　　　　]

 ヒント

1 (2)(3)天皇の任命権は日本国憲法第6条，国事行為はおもに第7条で定められている。

2 (3) 不当な逮捕は，身体を束縛することになる。

3 (2) 生存権を保障するために，生活保護などが行われている。

4 (2) ①は情報公開法，②は個人情報保護法に関連する。

1 〈日本国憲法〉 🎵重要

次の資料は，日本国憲法の一部である。これについて，あとの各問いに答えなさい。

資料

第13条　すべて国民は，　①　として尊重される。生命，自由及び幸福追求に対する国民の権利については，　②　に反しない限り，立法その他の国政の上で，最大の尊重を必要とする。

第25条　すべて国民は，健康で文化的な　③　の生活を営む権利を有する。

第26条　すべて国民は，法律の定めるところにより，その能力に応じて，ひとしく　④　を受ける権利を有する。

第28条　勤労者の　⑤　する権利及び団体交渉その他の団体行動をする権利は，これを保障する。

(1) 空欄の　①　～　⑤　にあてはまる語句を書け。

①［　　　　　　　］　②［　　　　　　　　　］　③［　　　　　　　　　］

④［　　　　　　　］　⑤［　　　　　　　　　］

(2) 第25条・第26条・第28条は，基本的人権のうちのある権利に関連している。その権利とは何か，答えよ。　　　　　　　　　　　　　　　　　　　　　　［　　　　　　　　　］

2 〈新しい人権〉

次の各問いに答えなさい。

(1) 右の写真の建物は，上階にいくほどせまくなっているが，これはどの人権に配慮して設計されたものか。次のア～エから1つ選べ。　　　　　　　　　　　　　［　　　］

ア　国家賠償請求権　　　　イ　環境権

ウ　プライバシーの権利　　エ　自由権

(2) 国民の「知る権利」に応えるため，多くの地方公共団体では　　　　公開制度が設けられている。　　　　にあてはまる語句を書け。　　　　　　　　　　［　　　　　　　　　］

(3) 次のア～エのことがらのうち，「自己決定権」とは関係のないものを，次のア～エから1つ選べ。　　　　　　　　　　　　　　　　　　　　　　　　　　　　　　　　　［　　　］

ア　ドナーカード　　　イ　インフォームド・コンセント

ウ　尊厳死の要望　　　エ　メディアリテラシー

3 〈人権の尊重と憲法〉
次の**各問い**に**答えなさい**。

⚠ミス注意 (1) 日本国憲法は，人権の保障とともに国民の３つの義務を定めている。これらの義務の具体的な例としてあてはまるものを，次の**ア～エ**から２つ選べ。　[　　　][　　　]

ア　署名運動に参加する

イ　地方公共団体の仕事を監視する

ウ　所得税や相続税をおさめる

エ　自分の子どもを小学校に入学させる

🏠差がつく (2) 次の**資料**は，人権が，他の人権とのかかわりで制限を受ける場合の例である。A氏，B氏の主張のもとになった権利として最も適切なものを，あとの語群から１つずつ選び，その語を用いて，**資料**のような判決が下された理由を簡潔に書け。

[　　　　　　　　　　　　　　　　　　　　　　　　　　　　　　　　　　　　　]

資料

> 　作家のA氏が書いた小説の内容をめぐり，登場人物のモデルとなったB氏が，小説には人に知られたくないことが書かれているとして，A氏を裁判所に訴えた。裁判の結果，B氏の主張した権利が認められ，A氏が主張した権利は制限を受けた。

〔語群〕団結権　　表現の自由　　身体の自由　　環境権　　請願権　　身体の自由

　　　　居住の自由　　プライバシーの権利

4 〈天皇の国事行為，自由権〉🏠差がつく
次の**各問い**に**答えなさい**。

(1) 天皇は日本国と日本国民統合の象徴であり，憲法の定める国事行為のみを行うことになっている。この国事行為に関して定めた，次の条文の空欄　A ，　B にあてはまる語句を書け。

A [　　　　　　] B [　　　　　　]

> 第3条
> 　天皇の国事に関するすべての行為には，内閣の　A　と　B　を必要とし，内閣が，その責任を負ふ。

(2) 自由権について，次の**A～D**の内容は，精神の自由，身体の自由，経済活動の自由のどれにあてはまるか，書け。

A　奴隷的拘束及び苦役からの自由　　　　　　　[　　　　　　　　　　]

B　集会・結社・表現の自由　　　　　　　　　　[　　　　　　　　　　]

C　財産権の保障　　　　　　　　　　　　　　　[　　　　　　　　　　]

D　学問の自由　　　　　　　　　　　　　　　　[　　　　　　　　　　]

実力アップ問題

◎制限時間 **40**分
◎合格点 **80**点
▶答え　別冊p.6

□ 点

1 のぞみさんは，日本国憲法について調べ，発表した。次の資料Ⅰ・Ⅱは，その時に使用したものの一部である。これらを見て，あとの各問いに答えなさい。　　　　　　　　　　　　　　〈8点×5〉

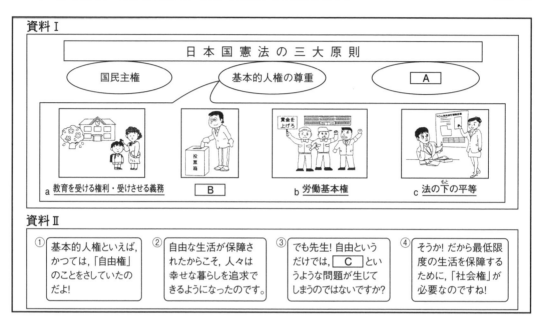

(1) **資料Ⅰ**の　**A**　にあてはまる日本国憲法の三大原則の１つを書け。

(2) 下線部**a**のように，日本国憲法で，権利であり，義務でもあると定めているものを書け。

(3) **資料Ⅰ**の　**B**　にあてはまる基本的人権を，次の**ア**〜**エ**から１つ選べ。
　　ア 環境権　　　　**イ** 財産権　　　**ウ** 参政権　　　**エ** 生存権

(4) 下線部**b**に関して，労働者が団結して労働組合を結成する目的を，「労働者」「使用者」の語を用いて，簡潔に書け。

(5) 基本的人権について，**資料Ⅱ**の　**C**　にあてはまる言葉を，簡潔に書け。

(1)		(2)		(3)	
(4)					
(5)					

2 次の文は，中学生の太郎さんと弁護士である祖父との会話である。この文を読み，あとの各問いに答えなさい。　　　　　　　　　　　　　　　〈(1)〜(5)8点×5　(6)・(7)10点×2〉

> 太郎：学校で「基本的人権」について勉強したよ。自由や平等ってあたりまえだと思っていたけど，①日本国憲法で保障されているんだね。

24

祖父：そうかい。じゃあ聞くけど，「基本的人権」って，どんな権利だい。

太郎：人が生まれながらに持っている人間としての権利で，自由権や平等権もふくまれるよね。

祖父：そのとおり。例えば，自由権には「経済活動の自由」もあって，私が□□□□□のも，この権利のおかげなんだよ。他にどんな権利について習ったのかな。例えば②社会権かな。人間らしい生活を送るために保障されている権利だったよね。

太郎：そうだね。人権を守るための権利についても習ったよ。参政権や③「裁判を受ける権利」のことだよね。そういえば，昨日，駅前で署名活動をしていたけど，④集まった署名を添えて，国や地方に要望することもこの権利にふくまれるんだよね。

祖父：よくわかっているね。その他にも，⑤「プライバシーの権利」のように，憲法で直接規定されていない新しい人権も認められるようになってきているんだよ。

(1) 下線部①は国の法の頂点に位置づけられている。このことは，日本国憲法ではどのような言葉で表されているか，書け。

(2) 文中の□□□□□において，太郎さんの祖父はどのような話をしたと考えられるか，最も適切なものを，次のア～エから1つ選べ。

　　ア　法律が大切であると考えた　　イ　法律について深く学ぶことができた

　　ウ　法律の研究会に参加できた　　エ　弁護士という職業を選ぶことができた

(3) 下線部②について，日本国憲法において規定されている「健康で文化的な最低限度の生活を営む権利」を何というか，書け。

(4) 下線部③について，裁判が公正・中立に行われるためには，裁判所や裁判官に対して，外部の力が影響をおよぼすことがないようにしなければならない。このような原則を何というか，書け。

(5) 下線部④のような権利を何というか，書け。

(6) 下線部⑤について，なぜ「プライバシーの権利」が主張されるようになったのか，その原因を，現代社会の特色をふまえて書け。

(7) 太郎さんは，基本的人権のまとめとして，下のような事例を取り上げた。**事例**にある規則は，どのような考え方をもとにつくられたか，「権利」「尊重」の2つの語句を使って書け。

事例

マンションAでは，住民が話し合いを行い，次のような規則を取り決めた。
ピアノを演奏してもよい。ただし，演奏できる時間は，午前9時から午後9時までとする。

(1)		(2)		(3)		(4)		(5)	
(6)									
(7)									

❹現代の民主政治

重要ポイント

① 政治と民主主義

☐ **政治**…人々の意見や利害を調整していくしくみ。政治を実現するための力が政治権力。

☐ **民主主義の精神**…個人を尊重し，自由と平等をめざす。**基本的人権の尊重**。
 └→デモクラシー＝デモス(民衆)＋クラチア(支配)

☐ **民主政治の意味**…「**人民の，人民による，人民のための政治**」
 └→アメリカ大統領リンカンの言葉。民主政治を最もよく表現

☐ **議会制民主主義**…選挙で選ばれた代表者による政治(**間接民主制，代議制**。人々が直接話し合いに参加する方法は**直接民主制**)

☐ **法の支配**…法(**憲法や法律**)にもとづいて政治が行われること。立憲政治。

☐ **多数決の原理**…話し合いによる政治。少数意見の尊重と議論の徹底が条件。

☐ **三権分立**…立法・行政・司法のはたらきを，別の機関が担当すること(独裁を防止)。
 └→モンテスキューが主張

② 政党のはたらき

☐ **政党政治**…議会で多数を占めた政党が政権を担当(与党)。与党以外は野党。**二党制**と**多党制**。政党は選挙の際にマニフェスト(政権公約)を示す。

③ 日本の選挙制度

☐ **選挙権の拡大**…制限選挙(納税額などで制限)⇒男子普通選挙(1925年。満25歳以上の男子)⇒普通選挙(1945年，満20歳以上の男女→2015年，満18歳以上の男女)

☐ **選挙の方法**…公職選挙法に規定→直接選挙・平等選挙・秘密投票や期日前投票など。

④ 選挙区と選挙の問題点

☐ **さまざまな選挙区制**…1選挙区から2名以上を選出(大選挙区制)。1選挙区から1名を選出(小選挙区制)。小選挙区制は，多数党に有利で，政権が安定。**死票**が多くなり，少数党には不利。

☐ **比例代表制**…各政党の得票数に応じて議席を配分。国会議員の選挙で一部採用。日本の衆議院議員選挙は小選挙区比例代表並立制。

⑤ 世論と政治

☐ **世論**…国民の多数の意見。マスメディアが世論の形成に大きな力。報道を批判的に読み取るメディアリテラシーが求められる。

ポイント **一問一答**

① 政治と民主主義

- ☐ (1) 国民を服従させる大きな力（強制力）を何というか。
- ☐ (2) 民主主義の原則である，自由と平等の根本の精神は何か。
- ☐ (3) 憲法や法律にもとづいて政治が行われる原則を何というか。
- ☐ (4) 三権分立を主張した18世紀のフランスの思想家はだれか。

② 政党のはたらき

- ☐ (1) 議会で多数を占（し）め，政権を担当する政党を何というか。
- ☐ (2) (1)以外の政党で，政権を批判する立場の政党を何というか。
- ☐ (3) 政党が選挙の際に示す政権公約を，カタカナで何というか。

③ 日本の選挙制度

- ☐ (1) 納税額などで，選挙権を制限する選挙制度は何か。
- ☐ (2) 一定年齢以上の全員に選挙権を与える選挙制度は何か。
- ☐ (3) 日本の選挙は，何という法律にもとづいて行われているか。

④ 選挙区と選挙の問題点

- ☐ (1) 1つの選挙区から2人以上を選ぶ，選挙区制は何か。
- ☐ (2) 多数党に有利で，政権が安定する選挙区制は何か。
- ☐ (3) 各政党の得票数に応じて，議席を配分する方法は何か。

⑤ 世論と政治

- ☐ (1) 社会の問題について，国民の大多数の意見を何というか。
- ☐ (2) マスメディアの報道などを批判的（ひはん）に読み取る力を何というか。

答

① (1) 政治権力　(2) 個人の尊重　(3) 立憲政治（りっけん）　(4) モンテスキュー

② (1) 与党（よとう）　(2) 野党（やとう）　(3) マニフェスト

③ (1) 制限選挙　(2) 普通選挙（ふつう）　(3) 公職選挙法

④ (1) 大選挙区制　(2) 小選挙区制　(3) 比例代表制

⑤ (1) 世論　(2) メディアリテラシー

基 礎 問 題

▶答え　別冊p.6

1 〈民主政治の基本原則〉 **重要**
次の各問いに答えなさい。

(1) アメリカの第16代大統領は，演説の中で「（　　　）の，（　　　）による，（　　　）の
ための政治」と述べ，民主政治の意味を簡潔に表した。空欄に共通して入る語を書け。
[　　　　　　　]

(2) 国の政治のしくみや方針を決定する最高の法律(法規範)を何というか。漢字２字で書
け。
[　　　　　　　]

(3) 国民全体が直接に政治を行う政治制度を何というか。
[　　　　　　　]

(4) 政治において話し合いで意見が一致しない時には，一般的にどのような方法がとられ
るか。
[　　　　　　　]

(5) 政治権力が，個人または１つの団体に集中している政治体制を何というか。
[　　　　　　　]

(6) 三権分立を主張したモンテスキューの代表的著作は何か。
[　　　　　　　]

2 〈選挙権，日本の選挙の原則〉 **重要**
次の各問いに答えなさい。

(1) 次の文について，｛　　　　｝の中から正しい方の語句を選んで書け。
「わが国では，かつては納税額などによって選挙権を制限する①｛　制限，財産　｝選
挙が行われていた。女性の参政権は長く認められなかったが，②｛　1925, 1945　｝年
に，満③｛　20, 25　｝歳以上のすべての男女による普通選挙が実現した。」
①[　　　　　] ②[　　　　　] ③[　　　　　]

(2) 日本の選挙の原則について，次の**a〜d**の説明にあてはまるものを，あとの**ア〜エ**か
ら１つずつ選べ。

a 有権者は，直接に候補者に投票する。 [　　　]

b １人につき，１票の投票権を持つ。 [　　　]

c 一定年齢以上のすべての国民に選挙権を認める。 [　　　]

d 投票は無記名で行われる。 [　　　]

ア 普通選挙　　　**イ** 平等選挙　　　**ウ** 直接選挙　　　**エ** 秘密選挙

3 〈選挙制度〉
次の各問いに答えなさい。

⚠ ミス注意 (1) 右の図**A**・**B**は，それぞれ何という選挙制度のしくみを表したものか。

A[　　　　　　　]

B[　　　　　　　]

(2) 参議院議員選挙は，次の①・②の選挙制度で行われる。それぞれのよび名を何というか。

① 全国を1つの単位として行われる選挙。　　　[　　　　**選挙**]

② 43都道府県と2合区を単位として行われる選挙。

[　　　　**選挙**]

(3) 日本の選挙制度について定めた法律を何というか。　[　　　　　　　]

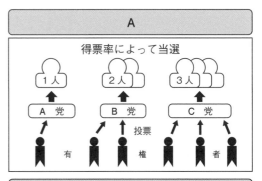

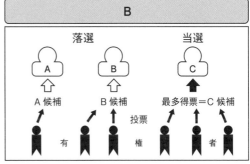

4 〈政党と世論〉
次の各問いに答えなさい。

(1) 政党は，自分の党の基本的な考え方などを国民に示し，選挙の際にはその実現を約束するが，この約束を何というか。　　　　　　[　　　　　　　　]

(2) 次の文の空欄①〜④にあてはまる語句を，あとの**ア〜カ**から1つずつ選べ。

「政党によって議会政治が行われるのが（　①　）である。日本やイギリスなどの（　②　）のもとでは，選挙の結果，議会で多数を占めた政党が，（　③　）として政権を担当する。それ以外の政党は（　④　）として，政府や（　③　）の政策に批判を加える。」

①[　　] ②[　　] ③[　　] ④[　　]

ア 与党　　　**イ** 野党　　　**ウ** 政党政治
エ 官僚政治　**オ** 大統領制　**カ** 議院内閣制

(3) 現代の世論の形成に大きな役割をはたしている，新聞やテレビなどの報道機関を総称して何というか。カタカナで答えよ。　　　　　[　　　　　　　　]

ヒント

1 (1) アメリカの第16代大統領とは，リンカンのこと。
2 (1) 日本で女性の参政権が認められたのは，第二次世界大戦後である。
3 (2) ①各政党の得票に応じて，議席が配分される。
4 (2) 大統領制を採用している国は，アメリカやロシアなどである。

1 〈選挙制度〉

民主政治に関する次の各問いに答えなさい。

(1) わが国では，1890(明治23)年に第1回の衆議院議員選挙が実施され，2009(平成21)年までに45回の総選挙が実施されている。右の表は，1898(明治31)年，1930(昭和5)年および1947(昭和22)年における20歳以上の人口に占める選挙権を有する者の割合を示したものである。表で示した選挙権を有する者の割合の変化は，選挙法の改正により選挙権を有する者の資格が改められたことと関係がある。表のA〜Cにあてはまるものを，次のア〜エから1つずつ選べ。

衆議院議員総選挙が実施された年	満20歳以上の人口に占める選挙権を有する者の割合	選挙権を有する者の資格
1898年	2.0%	A
1930年	37.3%	B
1947年	96.8%	C

(総務省資料により作成)

A [　　　] B [　　　] C [　　　]

ア　満20歳以上の男女　　イ　満25歳以上の男子

ウ　満30歳以上の男女　　エ　直接国税を15円以上おさめる満25歳以上の男子

(2) 2019(令和元)年7月に，参議院議員選挙が実施された。次のア〜エのうち，参議院議員選挙に関する内容として正しいものを2つ選べ。　　[　　　][　　　]

ア　1つの選挙区から1人の議員を選出する小選挙区制と，比例代表とが組み合わされた制度。

イ　都道府県を単位とした選挙区制と，比例代表とに分けて行われる制度。

ウ　被選挙権は満25歳以上で，当選議員数は465名。

エ　被選挙権は満30歳以上で，当選議員数は124名。

2 〈民主政治のしくみ〉 ●重要

次の文を読み，あとの各問いに答えなさい。

国民主権のもとでは，国民あるいは有権者の全員が政治に参加する（ ① ）が望ましいが，多人数になると話し合いがまとまらず，政治が進まない。そのため，代表者を選び，その代表者が政治を進める（ ② ），すなわち代議制が行われる。これが（ ③ ）政治である。実際の政治は，（ ③ ）の制定した法律にもとづいて，（ ④ ）機関が政治を進め，法律が守られているかどうかを（ ⑤ ）機関が見守る。このように，政治権力を分けて，抑制と均衡の関係をたもつしくみを，　A　といい，18世紀のフランスの思想家　B　が説いて，現在も行われている。

(1) 文中の空欄①〜⑤にあてはまる語句を，次のア〜クから1つずつ選べ。

① [　　　] ② [　　　] ③ [　　　] ④ [　　　] ⑤ [　　　]

ア　議会　　イ　司法　　ウ　行政　　エ　間接民主制

オ　立法　　カ　参政権　　キ　公正　　ク　直接民主制

(2) 空欄A・Bに入る語句を答えよ。　　A [　　　　　　] B [　　　　　　]

3 〈政党と政治〉
右の図を見て，各問いに答えなさい。

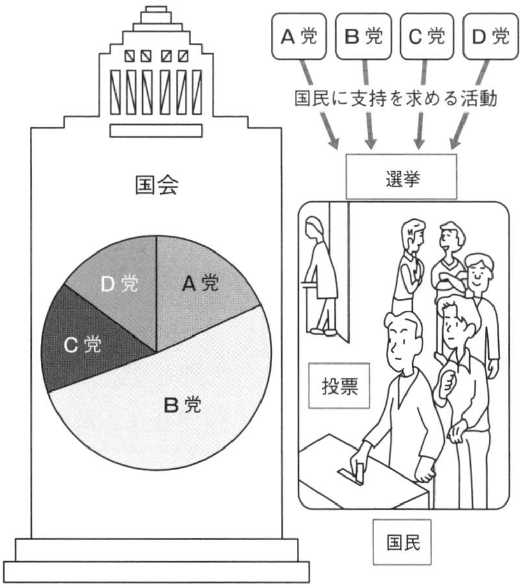

(1) この図で，単独で政権を担当できるのは
A〜D党のうちどれか。
[　　　　　]

⚠ミス注意 (2)(1)以外の，政権に加わらない政党を何と
いうか。　[　　　　　]

(3) B党とD党が協力して政権を担当した場
合，このような政権を何というか。
[　　　　　]

(4) 政党の無理な資金集めによって政治が腐
敗しないようにするため，□□□が改
正・強化された。□□□にあてはまる語
句を次のア〜ウから1つ選べ。
[　　　　]

ア　公職選挙法　　イ　政党助成法　　ウ　政治資金規正法

(5) 2020年現在の日本の政党について正しく述べた文を，次のア〜ウから1つ選べ。
[　　　　]

ア　1955年以来，自由民主党（自民党）による一党支配が続いている。
イ　近年は，二大政党が交互に政権を担当することが続いている。
ウ　内閣が1つの政党ではなく，複数の政党から組織されることが多い。

（図中）
A党　B党　C党　D党
国民に支持を求める活動
選挙
国会
D党　A党
C党　B党
投票
国民

4 〈世論と政治〉
次の各問いに答えなさい。

重要 (1) 国民の多くが支持する意見のことを何というか。　[　　　　　]

(2)(1)の意見の形成には，マスメディアが大きな力を持っている。マスメディアといわれるものを，
次のア〜エから1つ選べ。　[　　　　]
ア　テレビ　　イ　国際連合　　ウ　派閥　　エ　電話会社

(3) 情報を正しく活用する力である情報□□□のうち，マスメディアの報道などを批判的に読み
取る力をとくにメディア□□□という。□□□に共通してあてはまる語句を何というか。
[　　　　　]

5 〈多数決〉
**民主政治では，話し合いによる合意が基本だが，どうしても決まらない場合には多数決が採
用される。その時の注意点を2つ，簡潔に書きなさい。**
[　　　　　　　　　　　]
[　　　　　　　　　　　]

❺ 国民を代表する国会

重要ポイント

① 国会の地位としくみ

▲国会議事堂（東京都）

- ☐ **国会の地位**…国権の最高機関，唯一の立法機関。
- ☐ **二院制（両院制）**
  - ・**衆議院**…465人。任期4年。解散あり。
  - ・**参議院**…245人。任期6年。解散なし。
    *2022年以降の選挙から議員定数は248人になる。

② 国会の種類と議決

- ☐ **国会の種類**…常会（**通常国会**）・臨時会（**臨時国会**）・特別会（**特別国会**）。ほかに，参議院の**緊急集会**。
- ☐ **議案の審議**…委員会（**公聴会**が開かれることもある）⇒本会議（出席議員の過半数で議決）。

③ 国会のはたらき

▲内閣総理大臣の指名選挙（参議院）

- ☐ **国会の仕事**
  - ① **立法**…法律の制定。**条約の承認**。**憲法改正の発議**。
  - ② **財政に関して**…**予算の決定**。決算の承認。
  - ③ **内閣に対して**…**内閣総理大臣の指名**。
    └→任命は天皇が行う
    不信任決議。国政調査権。
  - ④ **裁判所に対して**…**弾劾裁判所**の設置。

④ 国会と内閣の関係—議院内閣制

- ☐ **内閣不信任**…**内閣不信任の議決**，信任決議の否決（いずれも**衆議院のみ**）。→内閣の
    └→可決されると，総辞職するか，10日以内に衆議院を解散する
  権力の行きすぎを抑制。
- ☐ **衆議院の解散**…解散後，40日以内に衆議院の総選挙。総選挙から30日以内に特別会。

⑤ 衆議院の優越

- ☐ **おもな優越事項**…**法律案の議決**，**予算の議決**，**内閣総理大臣の指名**など。
    └→日本国憲法第59条　└→衆議院の先議　└→日本国憲法第67条
- ☐ **優越の理由**…衆議院議員は任期が短く，解散もあるので，主権者である国民の意思を参議院より強く反映できるため。

●二院制を，衆議院と参議院の表にして整理しておこう。
●国会の種類を確認しよう。
●衆議院の優越の内容とその根拠をまとめておこう。

ポイント 一問一答

① 国会の地位としくみ

□ (1)唯一の立法機関である国会の，政治上の地位を何というか。

□ (2)立法府が2つの議院からなる政治制度を何というか。

② 国会の種類と議決

□ (1)毎年1月に開催され，会期が150日の国会を何というか。

□ (2)衆議院の解散総選挙の日から30日以内に開かれる国会を何というか。

□ (3)議案を専門的な立場から審議する会議を何というか。

③ 国会のはたらき

□ (1)国会の最も大切なはたらきは何か。

□ (2)内閣総理大臣の任命は国会の権限である。○か×か。

□ (3)国の政治について調べることのできる権限を何というか。

□ (4)不正疑惑の裁判官を裁くために国会に設けられるのは何か。

④ 国会と内閣の関係—議院内閣制

□ (1)衆議院が不信任決議を可決し，衆議院が解散されない場合，内閣はどうしなければ
ならないか。

□ (2)参議院は内閣不信任決議をすることができる。○か×か。

⑤ 衆議院の優越

□ (1)予算の議決については衆議院の優越がある。○か×か。

□ (2)国政調査権については衆議院の優越がある。○か×か。

答 ①(1) 国権の最高機関　(2) 二院制(両院制)
②(1) 常会(通常国会)　(2) 特別会(特別国会)　(3) 委員会
③(1) 法律の制定　(2) ×　(3) 国政調査権　(4) 弾劾裁判所
④(1) 総辞職　(2) ×
⑤(1) ○　(2) ×

基礎問題

▶答え　別冊p.7

1 〈国会の地位としくみ〉
政治のしくみに関する次の各問いに答えなさい。

重要 (1) 次の文は，日本国憲法第41条の条文である。文中の ① ， ② に入る適切な語句
を書け。　　　　　　　　　　　　　① [　　　　　　　] ② [　　　　　　　]

> ① は，国権の最高機関であって，国の唯一の ② 機関である。

ミス注意 (2) 右の写真の国会議事堂では，向かって左側に
衆議院，右側に参議院がある。衆議院と参議
院の特徴についてまとめた下の表の ① ，
② に入る適切な数字を書け。

　　　　　　　　　　① [　　　] ② [　　　]

	被選挙権者の年齢	議員の任期	解散の有無
衆議院	25歳以上	① 年	あり
参議院	② 歳以上	6年	なし

2 〈国会の仕事〉
次のア～コのうち，国会の仕事を5つ選びなさい。

[　　][　　][　　][　　][　　]

ア　弾劾裁判所の設置　　　イ　最高裁判所長官の指名　　ウ　政令の制定

エ　憲法改正の発議　　　　オ　予算案の提出　　　　　　カ　条約の締結

キ　内閣総理大臣の指名　　ク　国政調査権　　　　　　　ケ　条例の制定

コ　条約の承認

3 〈国会の種類〉
次の国会の名称を書きなさい。

(1) 毎年1月に召集され，会期が150日の国会。　　　　　　　[　　　　　　　]

(2) いずれかの議院の総議員の4分の1以上の要求で召集される国会。[　　　　　　　]

(3) 衆議院の解散総選挙の後に召集される国会。　　　　　　　[　　　　　　　]

4 〈法律の制定〉
次の各問いに答えなさい。

● 重要 (1) 次の**資料**は，法律案が両院で可決され，公布にいたるまでの過程をおおまかに示したものである。**資料**中の ① ～ ③ にあてはまるものを，あとの語群から１つずつ選んで書け。

① [   ] ② [   ] ③ [   ]

資料

```
議員
  ↓
法律案 → [先議の議院  議長 → ② → ③] → [後議の議院  議長 → ② → ③] → ① → 天皇によって公布
  ↑              公聴会                      公聴会
  ①
```

〔語群〕 閣議   委員会   両院協議会   憲法調査会   本会議   内閣

(2) 衆議院の優越にあたらないものを，次の**ア～エ**から１つ選べ。

[   ]

ア　憲法改正の発議　　　イ　条約の承認
ウ　内閣総理大臣の指名　　エ　予算の議決

5 〈国会の会議と議決〉
次の各問いに答えなさい。

(1) 国会で両議院の議決が異なるとき，意見の一致をはかる機関を何というか。

[   ]

(2) 国会で，専門家など広く国民の意見を聞くために開かれる会は何か。

[   ]

⚠ ミス注意 (3) 予算は衆議院と参議院のどちらに先に提出されるか。　　[   ]

(4) 衆議院の解散中に，急ぎの案件があるとき，参議院において開かれる会議を何というか。

[   ]

(5) 国会の議決は，一般には出席議員の（　　）の賛成で成立する。空欄に適語を答えよ。

[   ]

ヒント

1 (1) 国会は，三権の中では立法を担当する。
2 **カ・コ**. 条約の締結と承認は，それぞれ別の機関が担当する。
3 (2) このほか，内閣の要求によっても召集される。
4 (2) 衆議院の優越がおよばない事項については，必ずおさえておこう。
5 (5) 重要な案件については，３分の２以上の賛成が必要である。

1 〈国会のしくみ〉
次の文を読み，あとの各問いに答えなさい。

　日本国憲法の前文に「日本国民は，正当に選挙された a 国会における代表者を通じて行動し…」とあるように，日本では，国民が代表者を選び，その b 代表者が国会で話し合って法律などを定めています。また，日本国憲法には，c 国民が直接政治に参加するしくみも定められています。

⚠️ ミス注意 (1)下線部 a に関連して，次の文中の空欄①〜④にあてはまる語句を答えよ。

> 　国会は，衆議院と参議院の二院で構成されているが，「衆議院の（　①　）」といわれるように，衆議院は参議院より強い権限が与えられている。それは，衆議院は参議院よりも議員の（　②　）が短く，（　③　）もあって，そのときどきの国民の意思をより強く反映していると考えられるからである。衆議院の（　④　）先議権も，その例の１つである。

①［　　　　　　　］　②［　　　　　　　］　③［　　　　　　　］　④［　　　　　　　］

(2)下線部 b に関連して，次の問いに答えよ。

　① 両議院で会議が開かれる定足数は，総議員の何分の1以上か。　　　　　［　　　　　　　］

　② 議決は多数決で行われる（可否同数のときは議長が決する）が，衆議院の場合（2020年），全員が出席したときの過半数とは何人以上であるか。　　　　　［　　　　　　　］

(3)下線部 c に関連して，国民投票によって，国会からの提案の可否を決めるのは，どのような場合か，答えよ。　　　　　［　　　　　　　］

2 〈国会の運営，種類〉
次の各問いに答えなさい。

→重要 (1)日本国憲法第41条では，国会の地位について定めている。次の条文の空欄にあてはまる語句を書け。　　　　　［　　　　　　　］

　「国会は，□□□□□□□□□□であって，国の唯一の立法機関である。」

(2)衆議院に関して正しいものを，次のア〜エから1つ選べ。　　　　　［　　　　　　　］

　ア　議員数は245人である。　　　　　イ　臨時会が開かれるのは衆議院だけである。
　ウ　被選挙権は30歳以上である。　　　エ　選挙は小選挙区比例代表並立制で行われる。

(3)予算の審議が中心の会期150日の国会を，次のア〜エから1つ選べ。　　　　　［　　　　　　　］
　ア　臨時会　　　イ　常会　　　ウ　特別会　　　エ　緊急集会

(4)次の文の空欄にあてはまる語句を書け。

　「衆議院で可決し，参議院でこれと異なった議決をした法律案は，衆議院で出席議員の（　　　　　）以上の多数で再び可決したときは，法律となる。（日本国憲法第59条）」

［　　　　　　　］

3 〈国会の種類〉
次の表は，ある年の新聞(朝刊)の内容とそれに関する憲法上の規定について生徒がまとめたものである。あとの各問いに答えなさい。

ある年の新聞(朝刊)の内容	憲法上の規定
6月19日 衆議院で内閣不信任の決議案が可決された。同日，衆議院は解散された。	第69条 内閣は，衆議院で不信任の決議案を可決し，又は信任の決議案を否決したときは，（ B ）日以内に衆議院が解散されない限り，総辞職をしなければならない。
7月19日 衆議院議員総選挙が実施された。与党は過半数の議席を確保できなかった。	第54条 衆議院が解散されたときは，解散の日から（ C ）日以内に，衆議院議員の総選挙を行い，その選挙の日から（ D ）日以内に，国会を召集しなければならない。
8月7日 （ A ）国会が召集された。内閣総理大臣が指名された。	

(1) 表中の（ A ），（ B ），（ C ），（ D ）にあてはまる言葉と数字の組み合わせとして最も適当なものを，次のア～クから1つ選べ。　[　　]

ア A 特別　B 10　C 30　D 40　　イ A 特別　B 30　C 30　D 40
ウ A 特別　B 10　C 40　D 30　　エ A 特別　B 30　C 40　D 30
オ A 臨時　B 10　C 30　D 40　　カ A 臨時　B 30　C 30　D 40
キ A 臨時　B 10　C 40　D 30　　ク A 臨時　B 30　C 40　D 30

(2) 衆議院解散中に，内閣の求めによって開かれる参議院の会議を何というか。
[　　　　　　　]

4 〈国会議員の任期〉 ●重要
国会議員の任期に関して述べた次の文中の（ X ），（ Y ），（ Z ）にあてはまる数字を書きなさい。

X [　　] Y [　　] Z [　　]

　衆議院議員の任期は（ X ）年であるが，実際には衆議院の解散によって短くなることもある。参議院議員の任期は（ Y ）年であるが，（ Z ）年ごとに半数を改選するため，選挙は（ Z ）年ごとに行われている。

5 〈国会のはたらき〉
次の各問いに答えなさい。
(1) 内閣の実施したことについて調査する，国会の権限を何というか。[　　　　]
(2) 国会議員から構成される，裁判官の不正を裁く機関を何というか。[　　　　]
(3) 国会に対して責任を負う日本の内閣制度を何というか。　　　　[　　　　]
(4) 国会の委員会で開かれる利害関係者の意見を聴く会を何というか。[　　　　]
(5) 衆議院と参議院とで意見の調整をはかる会議を何というか。　　[　　　　]

❻行政権を持つ内閣

重要ポイント

① 行政のしくみと内閣

☐ **内閣**…行政権を担当。国会で定められた法律や予算にもとづいて，国の政治を行う。

☐ **内閣総理大臣**…国会議員の中から国会が指名→天皇が任命。
　└文民

　① 内閣の首長，② 国務大臣の任命および罷免権，③ 閣議(行政の最高意思決定機関)の主宰，④ 法律案や予算案を国会に提出，⑤ 国政や外交を国会に報告，など。

☐ **国務大臣**…内閣総理大臣が任命。過半数は国会議員で構成。→**天皇**が認証。
　└文民。14～17人

② 議院内閣制のしくみ

☐ **議院内閣制**…国会の多数派が内閣を組織する。内閣は国会の信任にもとづく。

　行政について，**国会に対して連帯責任**を負う。(イギリスで誕生した制度)

☐ **不信任決議**…衆議院で可決→内閣は10日以内に衆議院を解散，または総辞職。
　└日本国憲法第69条

③ 内閣の仕事と権限

☐ **内閣の仕事**…① 一般行政事務，② 外交関係の処理，③ 条約の締結，④ 予算の作成，
　　　　　　　　　　　　　　　　　　　　　　　　　　　　　　　　4月～翌年3月が会計年度┘
　⑤ 法律案の提出，⑥ 政令の制定，など。

☐ **内閣の権限**

　① **国会に対して**…衆議院の解散，臨時会の召集，など。

　② **裁判所に対して**…最高裁判所長官の指名，その他の裁判官の任命，など。

　③ **天皇に対して**…国事行為に対する助言と承認。

④ 行政のしくみと改革

☐ **行政権の拡大**…大きな政府。

☐ **公務員**…全体の奉仕者。官僚主義におちいる傾向。

☐ **行政改革**…中央省庁再編，規制緩和，情報公開など。

▼国のおもな行政組織

国のおもな行政組織の図。内閣の下に復興庁，内閣府，国家安全保障会議，内閣法制局，内閣官房，人事院，会計検査院。さらにデジタル庁，総務省，法務省，外務省，財務省，文部科学省，厚生労働省，農林水産省，経済産業省，国土交通省，環境省，防衛省などの各省庁と外局。責任者は国務大臣。

テストでは
ココが
ねらわれる

● 内閣のおもな仕事と権限を確認しよう。
● 議院内閣制のしくみについて理解しておこう。
● おもな行政機関名とその仕事をまとめておこう。

ポイント 一問一答

① 行政のしくみと内閣

☐ (1) 内閣は，国の政治権力のうち何を担当するか。

☐ (2) 内閣総理大臣になるために，必要な資格を2つあげよ。

☐ (3) 国務大臣を任命するのはだれか。

☐ (4) 内閣総理大臣が主宰する，行政の最高意思決定機関は何か。

② 議院内閣制のしくみ

☐ (1) 日本の立法と行政の関係を何というか。

☐ (2) 内閣は，何に対して連帯責任を負っているか。

☐ (3) 内閣の全閣僚が，そろってその職をやめることを何というか。

☐ (4) 不信任決議の可決後，(3)を行わない場合，内閣は何日以内に衆議院を解散しなければならないか。

③ 内閣の仕事と権限

☐ (1) 憲法や法律を実施するために，内閣が定める命令は何か。

☐ (2) 内閣が解散を決めるのは，衆議院か参議院か。

☐ (3) 内閣は，裁判所に対してどのような権限を持つか。

☐ (4) 内閣総理大臣を任命するのは国会である。○か×か。

☐ (5) 内閣も法律案を提出することができる。○か×か。

④ 行政のしくみと改革

☐ (1) 公務員の立場を最もよく表す言葉を書け。

☐ (2) 国民の健康や食品の安全などの仕事を行う省はどこか。

☐ (3) 自衛隊に関する仕事を行う省はどこか。

答
① (1) 行政権 (2) 文民，国会議員 (3) 内閣総理大臣 (4) 閣議

② (1) 議院内閣制 (2) 国会 (3) 総辞職 (4) 10日以内

③ (1) 政令 (2) 衆議院 (3) 最高裁判所長官の指名 (4) × (5) ○

④ (1) 全体の奉仕者 (2) 厚生労働省 (3) 防衛省

基 礎 問 題

▶答え　別冊p.9

1 〈内閣の組織と内閣総理大臣の指名〉

次の各文は，内閣に関する日本国憲法の条文の一部である。（　①　）～（　⑥　）にあてはまる語句を，あとの語群ア～ソから１つずつ選びなさい。

> 第66条　内閣は，法律の定めるところにより，その首長たる（　①　）及びその他の国務大臣でこれを組織する。（　①　）その他の国務大臣は，（　②　）でなければならない。
>
> 第67条　衆議院と参議院とが異なった（　③　）の議決をした場合に，法律の定めるところにより，両議院の（　④　）を開いても意見が一致しないとき，又は衆議院が（　③　）の議決をした後，国会休会中の期間を除いて（　⑤　）日以内に，参議院が，（　③　）の議決をしないときは，（　⑥　）の議決を国会の議決とする。

①[　　] ②[　　] ③[　　] ④[　　] ⑤[　　] ⑥[　　]

〔語群〕　ア　10　　　　イ　30　　　　ウ　40　　　　エ　官房長官　　　オ　内閣総理大臣
　　　　　カ　文民　　　キ　政党　　　ク　任命　　　ケ　指名　　　　　コ　国会議員
　　　　　サ　協議会　　シ　公聴会　　ス　衆議院　　セ　参議院　　　　ソ　天皇

2 〈議院内閣制〉

右の図を見て，次の各問いに答えなさい。

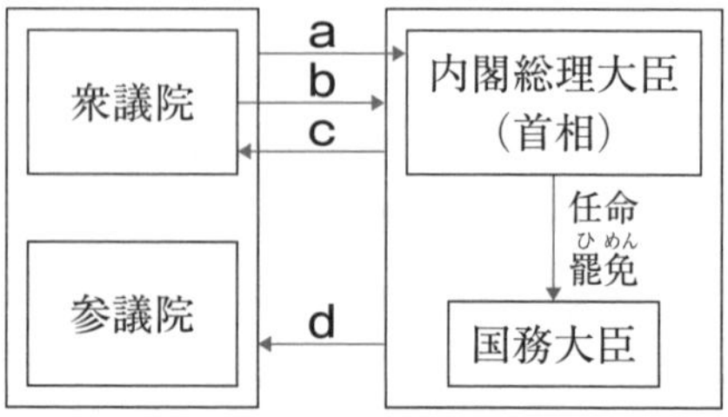

重要(1) 図の a ～ d にあてはまる語句を，次のア～エから１つずつ選べ。

a[　　]　b[　　]
c[　　]　d[　　]

ア　解散　　　　イ　指名
ウ　連帯責任　　エ　不信任決議

ミス注意(2) 図の内閣総理大臣になるには，軍人でないことのほかにどのような資格が必要か。簡潔に書け。　　　　　　　　　　　　　　　　[　　　　　　　　]

3 〈内閣と予算〉

予算案について，次の各問いに答えなさい。

(1) 予算案を国会に提出するのは内閣であるが，その作成の中心となる省庁はどこか。次のア～エから１つ選べ。　　　　　　　　　　　　　　　　　　　　　[　　　]

ア　総務省　　　イ　経済産業省　　　ウ　財務省　　　エ　金融庁

(2) 予算案は，国会では，どの議院に先に提出されるか。　　　　[　　　　　　]

(3) 国の予算が適正に執行されたかを検査する機関を何というか。[　　　　　　]

4 〈内閣の仕事〉
次のア～クから，内閣の仕事にあてはまるものを3つ選びなさい。

[　　　][　　　][　　　]

ア　条約の承認　　イ　外交関係の処理　　ウ　予算の議決

エ　予算の作成　　オ　憲法改正の発議　　カ　法令審査を行う

キ　政令の制定　　ク　条例の制定

5 〈内閣の成立〉🔑重要
衆議院の解散による総選挙ののち，新しい内閣が組織されるまでの手続きを順に並べたものとして最も適するものを，次のア～エから1つ選びなさい。

[　　　　　]

ア　内閣が総辞職する→内閣総理大臣が指名される→国務大臣が任命される→特別会（特別国会）が召集される

イ　内閣が総辞職する→内閣総理大臣が指名される→特別会（特別国会）が召集される→国務大臣が任命される

ウ　特別会（特別国会）が召集される→内閣が総辞職する→国務大臣が任命される→内閣総理大臣が指名される

エ　特別会（特別国会）が召集される→内閣が総辞職する→内閣総理大臣が指名される→国務大臣が任命される

6 〈公務員〉
次の文を読んで，（　①　）～（　③　）にあてはまる語句を，あとのア～オから1つずつ選びなさい。
①[　　　] ②[　　　] ③[　　　]

大日本帝国憲法の時代には，公務員は官吏とよばれ，（　①　）に対してだけ責任を負った。しかし，今日の日本国憲法のもとでは，公務員は全体の（　②　）であって，一部のものだけの（　②　）ではない。また，職務を行うにあたっては，（　③　）と公共の利益のために，おしみなく力をつくさなければならない。

ア　奉仕者　　　イ　指導者　　　ウ　天皇　　　エ　国民　　　オ　総理大臣

7 〈行政機関〉
日本の防衛の中心となっている省の名を書きなさい。　　[　　　　　　]

ヒント

1 ②平和主義をかかげる国家として，軍人（自衛官など）が政治を行うことは許されていない。

4 カ．法令審査とは，法律などが憲法に反していないかどうかを審査すること。この制度を違憲審査制とよぶ。

標 準 問 題

1 〈内閣〉●◯重要

美奈子さんは，内閣に関連する新聞記事を切り取ってノートにはり，疑問点をまとめた。これについて，あとの各問いに答えなさい。

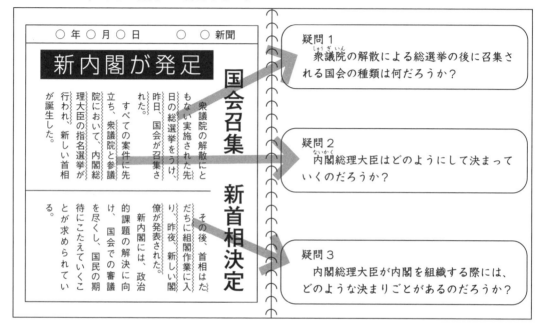

（1）疑問1に関して，衆議院の解散による総選挙のあとに召集される国会の種類を，次のア～エから1つ選べ。　[　　　]

ア　常会（通常国会）
イ　臨時会（臨時国会）
ウ　特別会（特別国会）
エ　参議院の緊急集会

資料　内閣総理大臣の指名選挙の得票数

国会議員	衆議院	参議院
A	181	132
B	242	69
C	43	32
D	14	7

差がつく（2）疑問2に関して，内閣総理大臣の指名選挙が**資料**のようになった場合，指名されるのはだれか。A～Dから選び，その理由を簡潔に書け。ただし，両院協議会では意見が一致しなかったものとする。

国会議員[　　　]　理由[　　　　　　　　　　　　　　　　　　　　　　]

⚠ミス注意（3）疑問3に関して，次の文の（　　　）にあてはまる語句を書け。

[　　　　　　　　　]

　内閣総理大臣は国務大臣を任命するが，そのうち過半数は（　　　）でなければならない。また，国務大臣の数は，内閣法により定められている。

2 〈国の政治〉
公民の授業で調べ学習を行い，A班は国の政治について調べた。右の資料を見て，次の各問いに答えなさい。

(1) 資料の⇧は，国民の意思を反映させるためのしくみを示している。a〜cのうち，国民による直接選挙により選ばれ，法で定められた任期が最も長いものを資料のa〜cから1つ選べ。　　[　　　]

資料

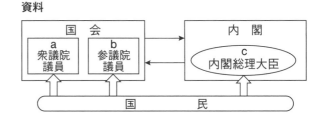

(2) 資料の⇄は，国会と内閣の関係を示している。その説明として正しいものを，次のア〜エから1つ選べ。　　　　　　　　　　　　　　　[　　　]

ア　国会は，内閣総理大臣と国務大臣を指名することができる。

イ　内閣不信任決議が可決された場合，内閣は衆議院を解散することができる。

ウ　衆議院・参議院ともに，内閣の不信任決議を行うことができる。

エ　内閣は，国会に対して審議のやり直しを求めることができる。

(3) 条約を締結することは，内閣の重要な職務の1つであるが，これについて国会はどのような役割をはたすか。　　　　　　　　　　　[　　　　　　　　　　]

3 〈内閣〉
次の各問いに答えなさい。

⚠ミス注意 (1) 内閣不信任決議に関して述べた次の文の　　　にあてはまる言葉を，漢字3字で書け。
　　　　　　　　　　　　　　　　　　　　　　　　[　　　　　　　]

日本国憲法では，内閣は，衆議院で内閣不信任決議案が可決されたときは，10日以内に衆議院が解散されない限り，　　　をしなければならないことが定められている。

🔑重要 (2) 内閣に関して述べた文として正しいものを，次のア〜エから1つ選べ。　　[　　　]

ア　内閣総理大臣は，国会の議決により指名される。

イ　国務大臣は，国政調査権により国会を調査することができる。

ウ　内閣を組織し，政権を担当する政党は，野党とよばれる。

エ　内閣は，法律を実行するために条例を定めている。

(3) 内閣総理大臣と国務大臣になるためには，職業軍人ではないことが条件とされる。このような人を何というか。　　　　　　　　　　[　　　　　　]

(4) 内閣による(1)は，不信任決議を受けたとき以外でも，（①）が欠けたとき，衆議院議員の（②）の後，初めて国会の召集があったときにも行わなければならない。空欄①・②にあてはまる語句を答えよ。　　　　　　①[　　　　　　]　②[　　　　　　]

(5) 内閣の方針を決める，大臣全員が出席する会議を何というか。　[　　　　　　]

❼人権を守る裁判所

重要ポイント

① 裁判所と司法権の独立

- ☐ **司法権**…裁判所が担当。国民の自由と権利を守る→裁判所。
- ☐ **最高裁判所**…司法権の最高機関。<u>長官をふくむ15名の裁判官</u>→**国民審査**を受ける。

└内閣が指名し，天皇が任命 └主権者である国民がチェックする

違憲審査制(違憲審査権，違憲立法審査権，法令審査権)の終審裁判所。
- ☐ **下級裁判所**…<u>**高等裁判所**(全国8か所)・**地方裁判所**(全国50か所)・**家庭裁判所**(全</u>

└最高裁判所が作成した名簿により内閣が裁判官を任命

<u>国50か所)・**簡易裁判所**(全国438か所)</u>
- ☐ **司法権の独立**…裁判は，<u>一切の政治権力の干渉を排除</u>して行われる。<u>裁判官は，良</u>

手厚い身分保障(弾劾裁判など└

によらなければ罷免されない)

<u>心にもとづき憲法と法律のみにしたがう。</u>

② 裁判のしくみ

- ☐ **三審制**…同一の事件で3回まで裁判を受けられる制度(控訴と上告)。**再審請求**。
- ☐ **民事裁判**…<u>私人間の争い</u>(お金の貸し借りなど)についての裁判。原告(訴えた人)と被告(訴えられた人)。
- ☐ **刑事裁判**…犯罪について有罪・無罪を決定する裁判。犯罪の疑いのある者(被疑者)を被告人として**検察官が起訴**。
- ☐ **裁判員制度**…<u>司法に対する国民の参加</u>制度。有権者の中から選ばれた裁判員(6名)が，裁判官(3名)と一緒に刑事裁判を行う。
- ☐ **刑事被告人の権利**…公開裁判を受ける権利，**黙秘権**，**刑事補償請求権**，**弁護人**をたのむ権利など。

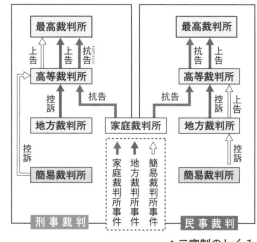

▲三審制のしくみ

③ 三権の抑制と均衡

- ☐ **三権の関係**…立法(国会)・行政(内閣)・司法(裁判所)を，それぞれ別の機関が担当し，たがいに抑制と均衡の関係にある(三権分立)→権力の行き過ぎを防止。
- ☐ **違憲審査制**…裁判所は法律や行政処分などが憲法に違反していないかを審査(違憲立法審査権，違憲法令審査権)→最高裁判所は「憲法の番人」。

テストでは **ココ**が ねらわれる

●司法権の独立の**意味**と裁判官の身分保障について**確認**しておこう。
●最高裁判所と下級裁判所の種類・権限などについてまとめておこう。
●裁判のしくみや三審制，裁判員制度についてまとめておこう。

ポイント 一問一答

① 裁判所と司法権の独立

- □(1)三権の１つで，国民の自由と権利を守る力は何か。
- □(2)東京都にある，司法権の最高機関はどこか。
- □(3)下級裁判所には高等裁判所と家庭裁判所のほか何があるか。
- □(4)法律などが憲法に違反していないかを判断する制度は何か。
- □(5)国会が，裁判官を罷免するかどうかを判断する裁判は何か。
- □(6)最高裁判所の裁判官は長官をふくめて何名か。
- □(7)下級裁判所の裁判官を任命する機関はどこか。

② 裁判のしくみ

- □(1)同じ事件について，３回まで裁判を受けられる制度は何か。
- □(2)金銭の貸し借りなど，私人間の利害対立を扱う裁判は何か。
- □(3)犯罪をおかした疑いのある人を起訴するのはだれか。
- □(4)国民が刑事裁判に参加し，裁判官とともに有罪・無罪や量刑を決める制度とは何か。
- □(5)第一審判決に不服な場合に，上級の裁判所に訴えることを何というか。
- □(6)第二審判決に不服な場合に，上級の裁判所に訴えることを何というか。
- □(7)逮捕された際の取り調べや，裁判において，自分に不利なことは話さなくてもよいという権利を何というか。
- □(8)裁判は原則として公開されるか，されないか。
- □(9)逮捕された人が裁判で無罪の判決を受けたとき，補償を受ける権利を何というか。

③ 三権の抑制と均衡

- □(1)国会・内閣・裁判所の抑制と均衡の関係を何というか。
- □(2)最高裁判所の長官を指名する機関はどこか。

答

①(1)司法権　(2)最高裁判所　(3)地方裁判所，簡易裁判所　(4)違憲審査制　(5)弾劾裁判
　(6)15名　(7)内閣

②(1)三審制　(2)民事裁判　(3)検察官　(4)裁判員制度　(5)控訴　(6)上告　(7)黙秘権
　(8)公開される　(9)刑事補償請求権

③(1)三権分立　(2)内閣

1 〈司法権と裁判所〉 ◯ 重要

裁判所の種類を表した右の略図を見て，次の
各問いに答えなさい。

(1) 図の**A・B**にあてはまる裁判所の名称を書
け。

A [　　　　　　　]

B [　　　　　　　]

(2) 図の裁判所のうち，最高裁判所以外の裁判
所をまとめて何というか。

[　　　　　　　]

⚠ ミス注意 (3) 図の@・ⓑにあてはまる語句を，あとの**ア**
〜**エ**から1つずつ選べ。

@ [　　　] ⓑ [　　　]

ア 訴訟　　**イ** 上告　　**ウ** 控訴　　**エ** 起訴

(4) 図のように，同一の事件について裁判を原則として3回まで受けることができるしく
みを何というか。 [　　　　　　　]

(5) 次の文の空欄①〜③にあてはまる語句を，あとの**ア**〜**エ**から1つずつ選べ。

① [　　　] ② [　　　] ③ [　　　]

「裁判官は，他の政治権力から干渉を受けずに，自らの（ ① ）と（ ② ）および法律の
みにしたがって，（ ③ ）して裁判を行うことができる。」

ア 独立　　**イ** 憲法　　**ウ** 知識　　**エ** 良心

(6) 最高裁判所判事(長官以外の裁判官)は，全部で何名か。 [　　　　　　　]

(7) 最高裁判所長官は，□□□が指名し，天皇が任命する。その他の裁判官はすべて
□□□が任命する。□□□に共通してあてはまる語句を書け。 [　　　　　　　]

(8) 高等裁判所は国内に何か所あるか。 [　　　　　　　]

(9) 裁判員制度が適用される可能性のある事件または訴訟を，次の**ア**〜**ウ**から1つ選べ。

[　　　　　　　]

ア 強盗事件　　　**イ** 不動産の明け渡しに関する訴え　　　**ウ** 離婚の訴え

(10) 日本の裁判の原則にあてはまらないものを，次の**ア**〜**ウ**から1つ選べ。 [　　　　　]

ア 被告人は，弁護人を依頼することができる。

イ 被告人は，自分に不利な証言でもこばむことはできない。

ウ 一般の市民は，裁判を傍聴することができる。

| 最高裁判所 |
| ↑ ⓑ　　↑ ⓑ |
| A |
| ↑ @　　↑ @　↑ ⓑ |
| 家庭裁判所　　　地方裁判所 |
| 　　　　　　↑ @ |
| 　　　　　　B |

2 〈裁判のしくみ〉
次の各問いに答えなさい。

(1) 刑事事件で被疑者を被告人として起訴するのはだれか。次のア～エから１つ選べ。

　　ア　検察官　　　イ　警察官　　　ウ　弁護士　　　エ　被害者　　　[　　　]

⚠ミス注意 (2) 日本の裁判で三審制がとられている理由を,「人権」の言葉を用いて, 簡潔に書け。

[　　　　　　　　　　　　　　　　　　　　　　　　　　　　　　　　　　　　　]

⚠ミス注意 (3) 右の資料のような用紙を用いて, 最高裁判所の裁
判官が適任かどうかを国民が投票する制度の名称
を書け。　　　　　　　　　　　[　　　　　　　]

(4) 民事裁判においては, 訴えた側を（ ① ）といい,
訴えられた側を（ ② ）という。両者とも, 法律の
専門家である（ ③ ）を代理人にたてて争うのが一
般的である。①～③の空欄にあてはまる語句を答
えよ。

　①[　　　　　　　] ②[　　　　　　　]
　③[　　　　　　　]

					×を書く欄	注　意
○	△	○○	□	○	裁判官の名	一　やめさせた方がよいと思う裁判官については, その名の上の欄に×を書くこと。二　やめさせなくてよいと思う裁判官については, 何も書かないこと。
□	☆	※	△	□		
川夫	岡郎	中夫	田三	治		

3 〈裁判官の身分〉
次の文は, 裁判官の身分保障について述べたものである。文中の[　　]にあてはまる
最も適当な語句を, それぞれ書きなさい。

　　　　　　　　　　　　　　　①[　　　　　　　] ②[　　　　　　　]

　裁判官が職務に違反したり, 裁判官としてふさわしくない行動があったりした場合, 日
本国憲法では, やめさせるかどうかを判断する ① 裁判所を ② に設置することが
定められている。

4 〈憲法の番人〉 🔴重要
最高裁判所が「憲法の番人」とよばれている理由を,「法律」「行政機関の行為」「最終」
の３つの言葉を用いて, 簡潔に書きなさい。

[　　　　　　　　　　　　　　　　　　　　　　　　　　　　　　　　　　　　　]

💡ヒント

1 (9) 裁判員制度は, ３名の裁判官と国民から選ばれた６名の裁判員が刑事裁判を行う制度。
3 国会の, 裁判所に対する抑制機能である。
4 最高裁判所の, 国会や内閣に対する権限を思い出そう。

1 〈裁判の種類と人権〉
次の文を読み，あとの各問いに答えなさい。

　①刑事裁判は，身体の自由に直接かかわる裁判なので，②人権に対する配慮が特に必要である。裁判が公正に行われるために，③最高裁判所と下級裁判所には，司法権の独立が認められている。

(1) 下線部①に刑事裁判とあるが，右の図は刑事裁判の法廷のようすを示そうとしたものである。刑事裁判では，捜査や起訴を行う検察官に対して，図中の**X**席には，専門的な知識などを用いて，被告人の正当な利益を守る人がすわる。この**X**席にすわる人は，次の**ア〜エ**のうちのどれか。最も適当なものを1つ選べ。　[　　　]

　ア　裁判員　　　**イ**　傍聴人
　ウ　裁判官　　　**エ**　弁護人

(2) 下線部②に人権に対する配慮とあるが，次の**ア〜エ**のうち，被疑者や被告人などの人権を守るためのきまりとして適当でないものはどれか。1つ選べ。　　　　　[　　　]
　ア　裁判官が発行する令状がなければ，原則として逮捕されない。
　イ　被疑者が拷問によって自白させられたとき，その自白は証拠となる。
　ウ　被告人は第一審の判決に不服があれば，上級の裁判所に申し立てることができる。
　エ　被疑者や被告人は，有罪の判決が確定するまでは無罪として扱われる。

(3) 下線部③の最高裁判所について，次の文中の空欄にあてはまる語句を書け。　[　　　　　]
　「最高裁判所の長官は，（　　　）の指名にもとづいて天皇が任命すると憲法で規定されている。」

2 〈司法制度の改革〉
次の文を読み，あとの各問いに答えなさい。

　近年，裁判をもっと身近にし，国民の信頼を高めるよう，司法制度改革が進められています。総合法律支援法にもとづく法律相談や情報提供もその1つであり，2009年5月からは，　①　裁判における　②　制度も実施されています。これは，（　**A**　）名の裁判官と，有権者の中からくじで選ばれた（　**B**　）名の　②　が，ともに裁判を行う制度で，国民の司法参加といえます。
　また，　①　事件において，　③　の行った不起訴処分が適当かどうかを審査する　④　会の判断は，それまで参考程度だったものが，ある程度拘束力を持つようにもなりました。

(1) 空欄の①〜④にあてはまる語句を書け。
　　　　①[　　　　　]　②[　　　　]　③[　　　　　]　④[　　　　　]

⚠ ミス注意 (2) 空欄の**A・B**に，あてはまる数字を書け。　　　**A**[　　　]　**B**[　　　]

3 〈三権の関係〉 ●○重要

右の図を見て，次の各問いに答えなさい。

(1) 図中の **a・b** にあてはまる機関名または語句をそれぞれ書け。

a [　　　]
b [　　　]

(2) 図中の **A～D** にあてはまる機能は何か。次の**ア～オ**から1つずつ選べ。

A [　] B [　] C [　] D [　]

ア　衆議院の解散　　　イ　国民審査　　　ウ　選挙
エ　内閣総理大臣の指名　　オ　違憲立法の審査

図中の機関図：

世論 — 国民主権 — A

行政権 a — 最高裁判所長官の指名，その他の裁判官の任命 — 司法権 裁判所

C　　　B

D　　　b 権 国会　　　裁判官の弾劾裁判

(3) 次の文の空欄①・②にあてはまる語句を書け。

　日本の政治が，図のような（　①　）のしくみをとっているのは，分散した権力が相互に抑制しあい，均衡を保つことによって，権力の行き過ぎを防ぎ，（　②　）の権利と自由を守るためである。　① [　　　] ② [　　　]

(4) 違憲審査制において，法令が合憲か違憲かについての最終決定権を持つ最高裁判所は，その性質から何とよばれるか。 [　　　]

(5) 図中にある弾劾裁判について正しく述べている文を，次の**ア～ウ**から1つ選べ。 [　]

ア　裁判官が心身の故障のために職務を行うことができないと判断するための裁判。
イ　不正や非行の疑いのある裁判官をやめさせるかどうかを決定する裁判。
ウ　裁判所の判決が国益（国家の利益）にそぐわないとき，やり直しを求めるための裁判。

4 〈日本の裁判〉

次の各問いに答えなさい。

(1) 1891年，来日中のロシア皇太子が警察官に切りつけられ，負傷するという大津事件がおこった。当時の内閣は，ロシアとの関係の悪化をおそれ，犯人を死刑にするよう要請したが，裁判所は，これをしりぞけて，法律で定められているとおり，無期刑の判決をくだした。このことは，司法権のどのような性質を示しているか。6字で答えよ。 [　　　]

(2) 家族内の争いや，少年事件を扱う裁判所はどこか。 [　　　]

(3) 判決が確定したのちに，新たな証拠が発見されたなどの理由で，裁判のやり直しが行われることがある。このやり直しの裁判を，何というか。漢字2字で答えよ。 [　　　]

(4) 地方裁判所での第一審の判決に不服がある場合は，何という裁判所に控訴するか。 [　　　]

(5) 現在の日本では，秘密裁判が行われることがあるかどうか。○か×で答えよ。 [　]

❽地方自治と私たち

重要ポイント

① 地方公共団体

□ **地方自治**…住民がみずから行う身近な政治。
「地方自治は民主主義の学校」といわれる。

□ **地方公共団体**…都道府県や市(区)町村。地域
└地方自治体
に応じた活動を独自に行う(**地方分権**)。

② 地方自治の制度

□ **地方議会**…条例の制定や改廃，**予算の決定**，
首長の不信任決議などを行う。

□ **首長**…都道府県知事，市(区)町村長：**予算案**
の作成などを行う。地方議会に対して，**拒否権**や**解散権**を持つ。

地方公共団体の住民

| 選挙 | 行政 | 解散，条例や
議決の再議 | 選挙 |

知事
市(区)町村長 ⟷ 都道府県議会
市(区)町村議会

不信任決議，
予算・条例の議決

副知事 (都道府県)
副市(区)町村長 (市(区)町村)

教育委員会	監査委員
選挙管理委員会	公安委員会など (都道府県のみ)
人事委員会	農業委員会など (市(区)町村のみ)

▲地方自治のしくみ

③ 地方自治への住民参加

□ **首長と議員の選出**…住民による**直接選挙**。2種
類の代表を選ぶ**二元代表制**。

□ **首長と議員の被選挙年齢**
・都道府県知事…**満30歳以上**。
・市(区)町村長・議員…**満25歳以上**。

□ **直接請求権**…条例の制定・改廃，**監査請求**，**議
会の解散請求**・首長や議員の**解職請求(リコー
ル)**。

□ **住民参加の拡大**…**情報公開制度**，**オンブズパー
ソン(オンブズマン，オンブズ)制度**など。

請求の内容	必要な署名	請求先
条例の制定 または改廃	(有権者の) 50分の1以上	首長
監査請求	50分の1以上	監査委員
議会の 解散請求	3分の1以上	選挙管理委員会
解職請求	3分の1以上	選挙管理委 員会，首長

解散・解職請求では，有権者が40万人をこえた分に
ついては6分の1以上でよい。
▲直接請求の種類

④ 地方財政と市町村合併

□ **地方財政の財源**…**地方税**，**地方交付
税交付金**，**国庫支出金**，**地方債**など。
財政難の地方公共団体も多い。

歳入

| 地方税
45.1% | 地方交付税
22.0 | 地方債
10.6 | 国庫支出金
15.6 | その他
6.7 |

(2018年度) 「地方財政計画関係資料」による
▲地方財政の財源

□ **市町村合併**…財政の安定や，仕事の効率化をめざす。

テストでは
ココが
ねらわれる
●地方議会と首長について，その権限などを整理しておこう。
●住民の直接請求権の種類と内容をまとめておこう。
●自主財源の不足など，地方自治の課題を確認しよう。

ポイント 一問一答

① 地方公共団体

☐ (1)「地方自治は（　　　　）の学校」とよばれる。

☐ (2) 国の仕事の一部を地方公共団体に移し，それぞれが独自の活動を行えるようにすることを何というか。

② 地方自治の制度

☐ (1) 地方議会で制定する，その地方公共団体のきまりは何か。

☐ (2) 地方議会は首長に対して，どのような議決を行う権限を持っているか。

☐ (3) (2)の決議が可決された場合，首長は辞職あるいは，どのようなことを行うか。

③ 地方自治への住民参加

☐ (1) 都道府県知事に立候補できるようになる年齢は何歳か。

☐ (2) 住民の直接請求権のうち，首長やおもな公務員の解職請求のことを，カタカナ4字で何というか。

☐ (3) 地方議会の解散請求に必要な署名数は，有権者の何分の1以上か。

☐ (4) 監査請求は，何という機関に提出するか。

☐ (5) 地域住民が行政を監視し，苦情処理などを行う制度は何か。

④ 地方財政と市町村合併

☐ (1) 地方財政の歳入で，中心となる自主財源は何か。

☐ (2) 地方公共団体間での財政の格差を少なくするための，国からの交付金を何というか。

☐ (3) 地方公共団体に対して，道路整備など特定の目的のために国から出る補助金を何というか。

答

① (1) 民主主義　(2) 地方分権

② (1) 条例　(2) 不信任の議決　(3) 地方議会の解散

③ (1) 満30歳　(2) リコール　(3) 3分の1　(4) 監査委員
　　(5) オンブズパーソン(オンブズマン，オンブズ)制度

④ (1) 地方税　(2) 地方交付税交付金　(3) 国庫支出金

基礎問題

▶答え 別冊p.11

1 〈地方公共団体のしくみ〉
右の図を見て，次の各問いに答えなさい。

(1) 図中の**A**・**B**にあてはまる語句を次の**ア**〜**エ**から１つずつ選べ。

A[　　　] B[　　　]

ア 官房長（かんぼうちょう）　イ 指名

ウ 選挙　　　　エ 副知事

▲ミス注意 (2) 図中の都道府県知事や市(区)町村長といった，執行機関（しっこう）の長を何というか。

[　　　　　]

(3) 都道府県知事の被選挙権が与えられるのは，満（まん）何歳（さい）になった時か。　[満　　　歳]

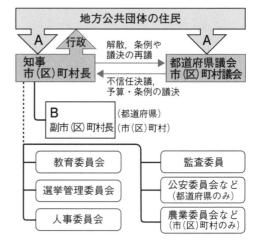

| 地方公共団体の住民 |
| 行政 |
| 知事 市(区)町村長 ← 解散，条例や議決の再議 → 都道府県議会 市(区)町村議会 |
| ← 不信任決議，予算・条例の議決 |
| B 副市(区)町村長（都道府県）（市(区)町村） |
| 教育委員会　　監査委員 |
| 選挙管理委員会　公安委員会など（都道府県のみ） |
| 人事委員会　　農業委員会など（市(区)町村のみ） |

(4) 県知事が県議会から不信任の議決を受けたとき，そのあとの展開はどうなるか。次の**ア**〜**ウ**から１つ選べ。　　　　　　　　　　　　[　　　]

ア 県知事は，ただちに辞職しなければならない。

イ 10日以内に県議会を解散しないときは，県知事は辞職しなければならない。

ウ 県知事をやめさせるかどうかの住民投票にかけ，住民が最終的に決める。

2 〈地方財政〉 ●●重要
次の地方財政の歳入（さいにゅう）の図を見て，あとの各問いに答えなさい。

(2018 年度)

	地方税 45.1%	A 22.0	地方債 10.6	B 15.6	その他 6.7
歳入					

（「地方財政計画関係資料」より作成）

(1) 図中の**A**は，地域の不平等を少なくするために，地方公共団体に対して国から支払（しはら）われる補助金で，その使いみちは自由である。また，**B**は，国が地方公共団体に委託（いたく）している仕事の経費の一部として，使い道を決めて支払われるものである。これら**A**・**B**にあてはまる語句を，次の**ア**〜**エ**から１つずつ選べ。　　A[　　　] B[　　　]

ア 国庫支出金（こっこししゅつきん）　イ 地方交付税交付金（こうふぜい）　ウ 土木奨励金（どぼくしょうれいきん）　エ 公債金（こうさい）

(2) 地方公共団体の仕事にあたるものを，次の**ア**〜**エ**から１つ選べ。　　[　　　]

ア 郵便事業（ゆうびん）　イ 条約の締結（ていけつ）　ウ 道路や橋の改修　エ 政令の制定

(3) 住民税以外の，地方税の例を１つあげよ。　　　　　[　　　　　]

3 〈住民の権利〉 **⊶重要**

右の表を見て，次の各問いに答えなさい。

請求の内容	必要な署名数	請求先
(ⓐの制定) または改廃	(有権者の) 50分の1以上	(ⓑ)
(ⓒの請求)	50分の1以上	(ⓒ委員)
解散請求	☐以上	(ⓓ)
解職請求	3分の1以上	(ⓑ・ⓓ)

(1) 右の表は，住民が一定数の署名を集めることによって，地方公共団体に対して請求できる権利をまとめたものである。下線部を何というか。

[   ]

(2) 表中のⓐ～ⓓにあてはまる語句を，次のア～エから1つずつ選べ。

ⓐ[   ] ⓑ[   ] ⓒ[   ] ⓓ[   ]

ア 監査（かんさ）　　イ 条例　　ウ 選挙管理委員会　　エ 首長（しゅちょう）

(3) 表中の☐にあてはまる数字を答えよ。 [   ]

(4) 次の文の空欄（らん）①～③にあてはまる語句を答えよ。

「国会で，ある特定の地方公共団体だけに適用される（ ① ）法を定める場合は，その地方公共団体において，（ ② ）を実施（じっし）し，その（ ③ ）の同意（賛成）を得なければならない。」

①[   ] ②[   ] ③[   ]

4 〈地方自治の課題〉

次の文を読み，あとの各問いに答えなさい。

　近年，地方行政の仕事は著（いちじる）しく増えているが，それを支える財源が不足している。財源不足を国からの補助や，むだの削減（さくげん）などで補（おぎな）っているが，どうしても足りない場合には，地方公共団体の借金である☐を発行する。今後，特色あるまちづくりや，住民の意識を高めることなど，そのほかにも課題は多い。

(1) ☐にあてはまる語句を答えよ。 [   ]

(2) 地方の権限を高めるために，1999年に制定された法律を，次のア～ウから1つ選べ。

[   ]

ア 地方自治法　　イ 地方分権一括（いっかつ）法　　ウ 地方行政特別法

(3) 市町村合併（がっぺい）の目的として適当なものを，次のア～エから2つ選べ。 [   ][   ]

ア 重複（ちょうふく）する施設などをはぶき，仕事を効率的にする。

イ 役所の人員を増やし，より多くの仕事ができるようにする。

ウ 比較的力のある都市と合併することで，財政を安定させる。

エ 合併を進め，日本からの独立をめざす。

💡ヒント

1(3) 参議院議員（さんぎいん）の被選挙権が与えられるのと，同じ年齢（ねんれい）である。

3(3) 議会の解散は，議員の身分にかかわる重要な決定である。

標 準 問 題

▶答え　別冊p.11

1 〈地方の政治と財政〉 **重要**

次の**各問い**に答えなさい。

(1) 右の**表Ⅰ**は，都道府県議会議員選挙
と都道府県知事選挙における，選挙
権と被選挙権が与えられる年齢の条
件を表したものである。表中の**a**～
cの組み合わせとして適当なものを，
次の**ア**～**エ**から１つ選べ。

表Ⅰ

選挙の種類 ＼ 権利	選挙権	被選挙権
都道府県議会議員選挙	満18歳以上	a
都道府県知事選挙	b	c

[　　　]

ア a 満20歳以上　b 満25歳以上　c 満30歳以上

イ a 満25歳以上　b 満18歳以上　c 満30歳以上

ウ a 満20歳以上　b 満30歳以上　c 満25歳以上

エ a 満30歳以上　b 満18歳以上　c 満25歳以上

(2) 右の**表Ⅱ**は，2017年度におけ
る埼玉県，三重県，島根県，徳
島県のそれぞれの歳入をおもな
財源別に表したものであり，表
中の**X**，**Y**は，地方税，地方交
付税交付金のいずれかにあたる。
Xは，　**d**　であり，　**e**

表Ⅱ
(単位：億円)

県 ＼ 財源	X	Y	国庫支出金	地方債	その他
埼玉	8,955	2,046	1,625	2,533	2,373
三重	2,603	1,393	807	1,196	889
島根	806	1,832	692	591	1,011
徳島	962	1,492	536	521	1,307

(「データでみる県勢2020年版」により作成)

するものである。d，eにあてはまる言葉の組み合わせとして適当なものを，次の**ア**～**エ**か
ら１つ選べ。 [　　　]

ア d 地方税　e 地方公共団体が課税

イ d 地方交付税交付金　e 地方公共団体が課税

ウ d 地方税　e 国が地方公共団体に配分

エ d 地方交付税交付金　e 国が地方公共団体に配分

2 〈住民参加〉 **重要**

住民の直接請求の手続きについて述べた文として**誤っているもの**を，次の**ア**～**エ**から１つ選
びなさい。 [　　　]

ア 首長の解職請求には，有権者の50分の１以上の署名が必要である。

イ 条例の制定・改廃の請求先は，首長である。

ウ 地方公共団体の事務についての監査の請求先は，監査委員である。

エ 地方議会の解散請求には，有権者の３分の１以上の署名が必要である。

3 〈地方公共団体のしくみ〉
次の各問いに答えなさい。

⚠ ミス注意 (1) 次の文を読み，下線部**ア〜ウ**のうち，誤っているものを1つ選べ。また，その語を正しい語に直して書け。 記号[　　] 正しい語[　　　　　　　　]

> 　地方公共団体には，住民の意思を代表する機関として地方議会と首長がある。議会では，その地方公共団体だけに適用されるきまりである**ア条例**についての審議などが行われるが，首長は議会の決議が不適当と考えたときは，議決の**イ再議**を請求できる。また，議会が首長に対して，**ウ請願**を行った場合，首長は10日以内に議会を解散することができる。

(2) 上の文の末尾に，「首長は10日以内に議会を解散することができる。」とあるが，議会が解散されなかった場合，首長はどうするか。 [　　　　　　　　]

(3) 地方公共団体では，住民の直接請求権が認められている。人口15万人，有権者10万人のある市で，市長の解職請求を行おうとした場合，最低何人以上の署名が必要か。また，請求先はどこか。次の**ア〜ク**から1つ選べ。 署名数[　　] 請求先[　　]

ア 50,000人　　**イ** 33,334人　　**ウ** 3,000人　　**エ** 2,000人

オ 総務省　　**カ** 監査委員　　**キ** 市議会　　**ク** 選挙管理委員会

(4) 国の法律は，衆参両議院で可決されて成立するが，さらに地方の住民の投票で過半数の同意が必要な場合がある。それは，どのような場合か。

[　　　　　　　　　　　　　　　　　　　　　　　　　　　　　　　]

4 〈県の財政〉 💰がつく
右の図は，2020年度の熊本県の歳入の内訳を示したものである。これについて，次の各問いに答えなさい。

(1) 図中の**a**は，県の財政収入の不足を補うために，国から配分されたものである。これは何か，適する語句を答えよ。

[　　　　　　　　]

(2) 県税にあたるものを次の**ア〜エ**から1つ選べ。 [　　]

ア 相続税　　**イ** 事業税

ウ 法人税　　**エ** 固定資産税

その他 19.2%
a 22.4%
県債 15.1%
2020年度 歳入総額 7,155億円
県税 21.8%
国庫支出金 21.5%

（「熊本のすがた 2020」より作成）

5 〈地方行政委員会〉
次の各文が説明している地方行政委員会は何か，あとの**ア〜エ**から1つずつ選びなさい。

(1) 地方公務員に関して，勤務条件などの仕事を行う。 [　　]

(2) 警察を監督し，警察行政の中立化を見守る。 [　　]

(3) 議会や首長の改選などの仕事を行う。 [　　]

(4) 地方公共団体の支出などについてチェックする。 [　　]

ア 公安委員会　　**イ** 監査委員　　**ウ** 人事委員会　　**エ** 選挙管理委員会

1 次の各問いに答えなさい。　　　　　　　　　　　　　　　　　　　　　　　　〈4点×4〉

(1) 大日本帝国憲法の内容について述べた文として最も適当なものを，次の**ア〜エ**から1つ選べ。

　　ア　この憲法は，議院内閣制を定めていたアメリカの憲法にならったものであった。

　　イ　この憲法のもとでの議会は，貴族院と衆議院の二院制であった。

　　ウ　この憲法では，労働三権が保障されており，労働条件が大きく改善された。

　　エ　この憲法では，国民の権利は生まれながらの権利であるとして，制限なく認められていた。

(2) 次の文は，日本国憲法の前文の一部について述べたものである。文中の（　）にあてはまる最も適当な言葉を，漢字3字で書け。なお，文中の3か所の（　）にはすべて同じ言葉があてはまる。

　　　日本国憲法は前文において，「日本国民は，正当に選挙された国会における（　）を通じて行動し」として，国民が選んだ（　）による政治が行われることを述べている。前文ではさらに，「そもそも国政は，国民の厳粛な信託によるものであって，その権威は国民に由来し，その権力は国民の（　）がこれを行使し，その福利は国民がこれを享受する」として，国民主権の原理を規定している。

(3) 地方議会の解散について述べた次の文中の（　**A**　），（　**B**　）にそれぞれあてはまる言葉を，あとの**ア〜ク**から1つずつ選べ。

　　　解散の請求にあたっては，原則として有権者の総数の（　**A**　）の署名があれば，有権者による住民投票を実施し，（　**B**　）の賛成があれば地方議会は解散する。

ア　50分の1以上　　　**イ**　30分の1以上　　　**ウ**　5分の1以上　　　**エ**　3分の1以上

オ　3分の2以上　　　**カ**　過半数　　　　　**キ**　2分の1以上　　　**ク**　4分の1以上

(1)		(2)		(3)	A		B	

2 次の各問いに答えなさい。　　　　　　　　　　　　　　　　　　　　　　　　〈5点×2〉

(1) 現在の選挙における原則として，満18歳に達したすべての国民に選挙権を認める原則，1人が平等に1票ずつ持つ原則，議員などを直接選挙する原則のほか，あと1つどのような原則があるか，簡単に書け。

(2) 次の**資料**は，2013年に成立したある法律の，衆議院と参議院の議決，および衆議院の再議決のようすを示したものである。日本国憲法の規定では，法律案が衆議院で可決され，参議院で衆議院と異なった議決をされた時に，その法律案を衆議院で再可決できるのは，どのような場合であると定めているか。この**資料**を参考にして書け。

資料　2013年に成立したある法律の，衆議院と参議院の議決，および衆議院の再議決のようす

衆議院の議決	参議院の議決	衆議院の再議決のようす
可　決	否　決	議員数475人，出席議員475人，賛成票384，反対票91で再可決

(衆議院資料などより作成)

(1)		(2)	

---

3 右の図は，日本の内閣と国会の関係を大まかに示したものである。これについて，次の各問いに答えなさい。　　　　　　　　　　　〈5点×4〉

(1) 図のように，内閣が国会の信任にもとづいて成立し，国会に対して連帯して責任を負う制度を何というか，答えよ。

(2) 下線部①について，内閣総理大臣とその他の国務大臣で構成され，行政の運営について基本的な方針や正式な意思を決定するために開かれる会議を何というか，答えよ。

(3) 下線部②について，国会の仕事を，次の**ア～エ**から1つ選べ。
　　ア　外国との条約を承認する。
　　イ　条例を制定する。
　　ウ　最高裁判所長官を指名する。
　　エ　違憲立法の審査を行う。

図

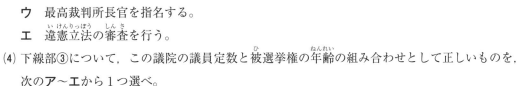

(4) 下線部③について，この議院の議員定数と被選挙権の年齢の組み合わせとして正しいものを，次の**ア～エ**から1つ選べ。
　　ア　定数―245人　被選挙権―満25歳以上　　**イ**　定数―465人　被選挙権―満25歳以上
　　ウ　定数―245人　被選挙権―満30歳以上　　**エ**　定数―465人　被選挙権―満30歳以上

(1)		(2)		(3)		(4)	

次の図を見て，あとの各問いに答えなさい。 〈(1)4点,(2)5点,(3)6点〉

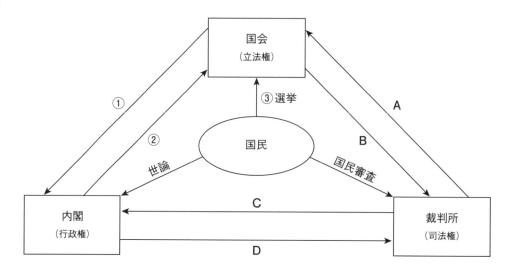

(1) 図中の**A**〜**D**のうち，法律が憲法に違反していないかどうかを判断する権限を示しているものはどれか。その記号を書け。

(2) 次の文は，図中の①・②について述べたものである。文中の a と b にあてはまる語句を，あとの**ア**〜**エ**の組み合わせのうちからそれぞれ選べ。

「①は，国会が内閣総理大臣を a し， b が内閣に対して不信任の決議を行うことができることを示している。また，②は，内閣が b を解散することができることを示している。」

ア a 指名 b 衆議院 　　**イ** a 指名 b 参議院
ウ a 任命 b 衆議院 　　**エ** a 任命 b 参議院

(3) 図中の③に関して，右の表は，ある年に行われた衆議院議員総選挙の小選挙区における2つの選挙区**X**・**Y**の有権者数のちがいを示している。このような有権者数のちがいが大きくなると，どのような問題が生じるか。「1票」の語を用いて，簡潔に書け。

選挙区	有権者数（人）
X	424,334
Y	212,254

(1)		(2)		(3)	

---

5 次の文は，国会について説明したものである。文中の（　　）にあてはまる語句を，それぞれ漢字4字で答えなさい。 〈5点×2〉

　日本国憲法第41条で，「国会は，国権の最高機関であって，国の唯一の（ ① ）である」と定められており，国会は，法律の制定や（ ② ）の発議を行う権限を持っている。

①		②	

6 裁判中の法廷のようすを表す，右の図に関して，次の各問いに答えなさい。

〈(1)完答7点，(2)4点，(3)・(4)5点×2〉

(1) 図に表されているのは民事裁判，刑事裁判のどちらであるか書け。また，そう判断した理由を図の ☐ で囲まれた語句のいずれかを使って書け。

(2) 憲法で身分が保障されており，心身の故障や弾劾裁判によるほかはその職をやめさせられないものを，図の ☐ で囲まれた語句から1つ選んで書け。

(3) 裁判所は，法律や国の行為が憲法に適合するかしないかを判断する権限を持ち，とくに最高裁判所は，その最終的な決定権を持つことから「憲法の番人」ともよばれる。裁判所が持つこの権限を何というか，書け。

(裁判所ホームページより作成)

(4) 司法制度改革について述べた次の文の ☐ に入る，適切な語句を書け。

> 2009年から，国民も裁判に参加する ☐ 制度が取り入れられた。

(1)		理由			
(2)		(3)		(4)	

7 次の各問いに，それぞれ記号で答えなさい。 〈4点×2〉

(1) 日本の選挙について述べた文として正しいものを，次のア～エから1つ選べ。

　ア　市(区)町村の首長は，市(区)町村議会での選挙によって選出される。

　イ　都道府県知事は，住民による直接選挙で選出される。

　ウ　参議院議員は，小選挙区比例代表並立制で選出される。

　エ　内閣総理大臣は，国民による直接選挙で選出される。

(2) 国会について述べた文として誤っているものを，次のア～エから1つ選べ。

　ア　国会は，内閣の提出した予算案を審議し，1年間の国の予算を決める。

　イ　国会に提出された議案は，委員会の審議ののち本会議へ送られる。

　ウ　国会は，内閣の結んだ条約を承認する。

　エ　国会では，衆議院に優越が認められており，議員の任期は参議院より長い。

(1)		(2)	

❾ 消費生活と企業

重要ポイント

① 私たちの消費生活と消費者の権利

☐ **家計**…収入と支出をとおして家庭を維持していくこと。**収入**(所得)**－消費支出－税金・社会保険料＝貯蓄**。計画性が大切。**家計，企業，政府**を経済の三主体という。

☐ **消費者主権**…消費者が，みずからの意思で商品を選んで購入する→**自立した消費者**。

☐ **消費者の４つの権利**…**安全を求める権利，知らされる権利，選択する権利，意見を反映させる権利**。アメリカの**ケネディ**大統領が提唱。

☐ **消費者保護**…消費者問題→**クーリングオフ制度**(一度結んだ契約でも，ある条件の場合には取りやめることができる制度)。消費者基本法，**製造物責任法**(**ＰＬ法**)，消費者契約法，**消費者庁**の設置(2009年)など。
└欠陥商品の製造者に，その被害の救済を義務づけた法律

② 消費生活を支える流通

☐ **流通**…商品の流れのこと。**生産**(製造)**者⇒卸売業者⇒小売業者⇒消費者**が基本の流れ。**小売業者⇒**コンビニエンスストア，スーパーマーケット，百貨店など。

☐ **流通の合理化**…商品の直接仕入れ・一括仕入れ，物流センターの設置，インターネット・ショッピング，**ＰＯＳシステム**(販売時点情報管理)の導入など。

③ 企業の役割と意義

☐ **資本主義経済の特色**…**利潤**の追求が基本。大量生産と大量消費。

☐ **企業**…**私企業**(利潤を目的とする民間の企業。個人企業と法人企業などがある)，**公企業**(国や地方公共団体が営み，利潤を目的としない)。

☐ **株式会社**…株式の発行によって得られた資金によって設立される企業。**株主**(株式を購入した出資者)は**株主総会**に出席し，**配当**を得る。株式は，**証券取引所**で売買。

④ 現代日本の企業

☐ **大企業と中小企業**…全体の約99％が中小企業。中小企業の多くは大企業の**下請け企業**。**ベンチャー企業**(新しい技術などをもとに事業をおこした企業)もある。

☐ **多国籍企業**…国内に親会社をおく企業が，海外の国々に現地籍の企業をつくる。多国籍企業の成長で，国境をこえた投資がさかんになる。

☐ **企業の社会的責任(CSR)**…法令を守る。**情報公開**。利潤を求めるだけでなく，人々の生活の安定と向上に貢献する。

テストではココがねらわれる

◉消費者保護の意味と消費者主権について**確認しておこう**。
◉株式会社のしくみについて**理解しておこう**。
◉企業の社会的責任について**整理しておこう**。

ポイント 一問一答

① 私たちの消費生活と消費者の権利

- □(1)家庭を維持するための収入と支出の活動を何というか。
- □(2)契約から一定期間中であれば，訪問販売などによる契約を一方的に取り消しできる制度を何というか。
- □(3)消費者の４つの権利とは，安全を求める権利，知らされる権利，選択する権利と，あと１つどのような権利か。
- □(4)欠陥商品の製造者に，その被害の救済を義務づけた法律(1994年)を何というか。

② 消費生活を支える流通

- □(1)生産(製造)者から消費者にいたる商品の流れを何というか。
- □(2)間屋など，製造(生産)者から商品を仕入れて小売業者に販売する業者を何というか。

③ 企業の役割と意義

- □(1)利潤の追求を基本とする経済のしくみを何というか。
- □(2)利潤を目的とした民間の企業を何というか。
- □(3)株式会社の最高の意思決定機関を何というか。
- □(4)株主が利益の一部として受け取るものを何というか。
- □(5)株式や社債は，どこで売買されるか。

④ 現代日本の企業

- □(1)日本では，大企業・中小企業のどちらの数が多いか。
- □(2)海外に現地籍の企業をつくるなど，国境をこえて経済活動を行う企業を何というか。

答

①(1)家計 (2)クーリングオフ(制度) (3)意見を反映させる権利 (4)製造物責任法(PL法)
②(1)流通 (2)卸売業者
③(1)資本主義経済 (2)私企業 (3)株主総会 (4)配当 (5)証券取引所
④(1)中小企業 (2)多国籍企業

基 礎 問 題

▶答え　別冊p.13

1 〈流通のしくみと合理化〉
次の野菜の流通の図を見て、あとの各問いに答えなさい。

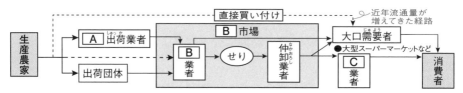

(1) 図のA～Cにあてはまる語句を、次のア～オから1つずつ選べ。

A[　　　]　B[　　　]　C[　　　]

ア　小売　　　イ　ディーラー　　　ウ　卸売　　　エ　販売協力店　　　オ　産地

⚠️ミス注意 (2) 近年、コンビニエンスストアやスーパーマーケットで進められている流通の合理化について述べた、次の各文の空欄にあてはまる語句を書け。

① 商品の直接仕入れ、一括仕入れによる[　　　　　　　]の節約。

② レジで商品のバーコードを読みとる[　　　　　　　]システム（販売時点情報管理）。

2 〈家計・企業・政府〉🔑重要
右の図は、わが国の家計・企業・政府の経済活動における結びつきについて表したものである。この図を見て、次の各問いに答えなさい。

(1) 消費活動の中心となるのは家計であるが、家計の支出のうち、税金や社会保険料を除いたものは何とよばれるか。

[　　　　　　　]

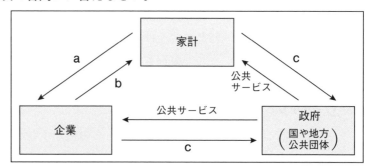

(2) 利潤を目的として営まれる私企業のうち、小額に分けた証券を発行して多くの人から資金を集めて設立された企業を、何というか。　　　　　　　[　　　　　　　]

⚠️ミス注意 (3) 図中のa～cにあてはまる語句として適当なものを、次のア～エから1つずつ選べ。

a[　　]　b[　　]　c[　　]

ア　労働力　　　イ　税金　　　ウ　賃金　　　エ　消費税

(4) 図中の政府が行う経済活動を何というか、漢字2字で書け。　　　[　　　　　　　]

3 〈消費者の権利〉 🔴重要

消費者の権利を守ることについて述べた次の文中の空欄にあてはまる言葉を，下のア～エから1つずつ選びなさい。また，あとの設問に答えなさい。

> 製品の欠陥(けっかん)によって消費者が被害をこうむった場合，たとえその製品の製造業者に過失がなくても，製造業者に被害の救済を義務づけた（ ① ）法が制定されている。
>
> また，訪問販売などで商品を購入した場合には，一般に，一定期間内であれば，契約(けいやく)を解除することができるという（ ② ）の制度もある。

①[　] ②[　]

ア 消費者契約 　 **イ** クーリングオフ 　 **ウ** キャッチセールス 　 **エ** 製造物責任

[設問] 消費者の4つの権利といわれる権利にあてはまらないものを，次から1つ選べ。

[　]

安全を求める権利 　 知らされる権利 　 選択する権利 　 価格を決める権利

4 〈現代の企業〉

次の文を読み，下線部について，あとの問いに答えなさい。

> 生産活動を行うのは企業であるが，グローバル化の中で競争がはげしくなっている今日，**A大企業**にしても，**B中小企業**にしても，生産の合理化をせまられている。また，現代の企業は，**C社会的責任**を利益の追求と同じくらい重視するようになってきている。

(1) 下線部**A**の中には，海外に現地籍(げんちせき)の企業を設立し，国境をこえて経済活動を行っている企業がある。こうした企業を何というか。 [　]

(2) 下線部**B**の中には，新しい技術を開発して発展している企業もある。こうした企業を何とよんでいるか。次の**ア～エ**から1つ選べ。 [　]

　 ア 公企業 　 **イ** 下請(したう)け企業 　 **ウ** ベンチャー企業 　 **エ** コンビニエンス

🔴重要 (3) 下線部**C**について述べた次の**ア～エ**から，誤っているものを1つ選べ。 [　]

　 ア 法令などを守ること（コンプライアンス）が求められている。

　 イ 消費者の保護や環境(かんきょう)によい商品の開発，地域文化への貢献(こうけん)や障がい者の雇用(こよう)などが求められている。

　 ウ 利益を生みにくい社会資本の生産が義務づけられている。

　 エ 積極的な情報公開が求められている。

ヒント

① (1)**イ**. ディーラーとは，販売業者のことで，自動車メーカーの特約販売店をさすことが多い。

③ **ウ**. キャッチセールスは，路上などでよびとめ，営業所などに同行させて勧誘(かんゆう)を行うもので，悪質商法の1つである。

1 〈暮らしと経済〉 🔑重要

次の文を読み，あとの各問いに答えなさい。

　　文子さんは，日曜日にa電車に乗って，P市までb映画を見に行きました。映画館でcパンフ
レットを買いました。映画を見たあと，ファストフード店に入り，dハンバーガーとポテトフラ
イを買って食べました。時計を見ると，4時をまわっていたので，e家に電話をして，電車に乗
り，家に帰りました。

(1) 文中の下線部a～eのうち，サービスにあたるものはどれか。あてはまる記号をすべて書け。

[　　　　　　　　]

(2) 下線部a～eは，それぞれ家計支出のうち，何にあたるか。次のア～オから1つずつ選べ。
　　ただし，同じものを何回も選んでもよい。

a[　　] b[　　] c[　　] d[　　] e[　　]

ア　被服・はきもの費　　　イ　交際費　　　ウ　交通・通信費

エ　食料費　　　　　　　オ　教養・娯楽費

(3) 鉄道会社や映画会社の多くは，株式会社の形態をとっている。株式会社の組織を表す右の図
　　を見て，あとの各問いに答えよ。

　① 図中のX～Zにあたる組織は何か。次のア～ウか
　　ら1つずつ選べ。

X[　　　] Y[　　　] Z[　　　]

ア　監査役　　　　イ　株主総会

ウ　取締役会

　② 図中の「株主」について述べたものを，次のア～
　　エから2つ選べ。

[　　　][　　　]

ア　議決権を行使できる。

イ　会社の役員は必ず株主の中から選ばれる。

ウ　出資額の多い人だけ配当金を受け取れる。

エ　会社が倒産した場合，自分の出資金の損失だ
　　けですむ。

⚠️ミス注意 ③ 株式会社を設立するには，元手としての資金が必
　　要である。この資金のことを何というか。

[　　　　　　　　]

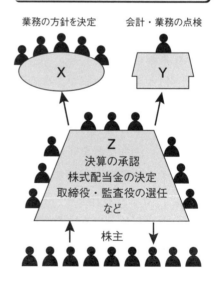

会社の基本方針の決定

業務の方針を決定　　会計・業務の点検

X　　　　Y

Z
決算の承認
株式配当金の決定
取締役・監査役の選任
など

株主

2 〈悪質商法と消費者の保護〉

次の資料Ⅰは，消費者の権利についてまとめたものの一部である。また資料Ⅱは，販売方法をめぐる悪質商法の例である。あとの各問いに答えなさい。

資料Ⅰ

> 消費者が消費者としての権利を持つことをはじめて主張したのは，アメリカのケネディ大統領であり，消費者には**a 4つの権利**があり，これらを守ることが大切であると述べた。
>
> この4つの権利は世界に大きな影響を与え，日本でも**b 製造物責任法**などの法律が整備された。2009年には，□□□□が設置され，消費者行政を一元的に扱うことになった。

資料Ⅱ

A

商品を買って会員になり、新しい会員を紹介するだけでお金になりますよ！

B

無料キャンペーン中ですよ！

C

パソコンも教材も買ったし、これでお金がためられる！

D

あれだけでお金がかかるなんて…　くわしくは下をクリック！ ENTER

(1) 下線部**a**に，あてはまらないものはどれか，次の**ア〜エ**から1つ選べ。　[　　　]

　　ア 安全を求める権利　　　　**イ** 安さを求める権利
　　ウ 選択する権利　　　　　　**エ** 知らされる権利

(2) 下線部**b**について，アルファベットを使用した略称を書け。　[　　　　]

(3) 文中の□□□□にあてはまる語を，漢字4字で書け。　[　　　　]

(4) **資料Ⅱ**の中で，マルチ取り引きはどれか，**A〜D**から1つ選べ。　[　　　]

3 〈大企業と中小企業〉

次の文を読み，空欄にあてはまる語をあとのア〜クからそれぞれ選びなさい。

　企業は大企業と（ ① ）とに分かれます。数でいえば，日本の企業の約99％が（ ① ）です。大企業との（ ② ）格差の問題は，（ ③ ）期の人手不足である程度は解消されましたが，近年は再び格差が広がる傾向にあります。世界でおこっている（ ④ ）革命は，（ ① ）に新しいチャンスを与え，中には（ ⑤ ）とよばれて，日本経済を活性化する企業も出てきました。

①[　　] ②[　　] ③[　　] ④[　　] ⑤[　　]

　　ア バブル経済　　**イ** 高度経済成長　　**ウ** ベンチャー企業　　**エ** IT　　**オ** POS
　　カ 国営企業　　**キ** 中小企業　　**ク** 賃金

❿価格の働きと金融

重要ポイント

① 市場経済のしくみと価格

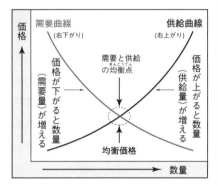

▲需要と供給の関係

- ☐ **需要と供給**…価格を見て，消費者が買おうとする量（**需要量**），生産者が売ろうとする量（**供給量**）。需要量と供給量を一致させる価格が均衡価格。

- ☐ **生産の集中**…寡占（少数の売り手への集中）・独占。独占価格⇒少数の企業が自分たちに都合のよいように価格をきめたもの。

- ☐ **公正取引委員会**…**独占禁止法**を運用し，企業間の競争をうながす。

- ☐ **公共料金**…電気・ガス・水道。鉄道など，その変動が国民の生活に大きな影響を与えるものの価格は，**国や地方公共団体が決定・認可**。

② 私たちの生活と金融

▲日本銀行本店

- ☐ **金融**…資金を貸し借りすること。**銀行**が金融の中心。

- ☐ **日本銀行**…日本の**中央銀行**。
  - ① 発券銀行…**日本銀行券**（紙幣）を発行する。
  - ② 銀行の銀行…民間銀行と取引をする。
  - ③ 政府の銀行…政府の資金を出し入れする。

- ☐ **金融政策**…日本銀行による**公開市場操作**が中心→通貨量を変化させ，景気を調整。
  日本銀行が国債を金融機関に売ると支払いで通貨が減る↲

- ☐ **為替相場**…外国通貨との交換比率。**為替レート**。通貨の交換→**外国為替市場**。外国通貨に対して円の価値が上がることを**円高**，下がることを**円安**という。

- ☐ **インフレーション**…好景気（好況）のとき，物価が持続的に上昇し続けること。その逆は，不景気（不況）のとき，物価が持続的に下落し続けるデフレーション。

③ 労働者の権利

- ☐ **労働三法**…① 労働組合法，② 労働関係調整法，③ 労働基準法

- ☐ **雇用と労働環境**…バブル経済後，派遣労働者などの**非正規労働者**が増大。職業訓練
  └→長時間労働や過労死の問題
  やセーフティネットの整備が重要とされる。外国人労働者の受け入れ。**終身雇用制**と**年功賃金制**の見直し。仕事と生活が調和した**ワーク・ライフ・バランス**が課題。

テストでは **ココ**が ねらわれる

● 需要と供給，価格について確認しておこう。
● 日本銀行の役割と金融政策の中心である公開市場操作のしくみを理解しておこう。
● 現代の雇用問題（雇用不安，女性労働者・外国人労働者などの問題）を確認しておこう。

ポイント 一問一答

① 市場経済のしくみと価格

☐ (1)消費者が買い入れを希望する量を何というか。

☐ (2)価格が上がると増えるのは需要量・供給量のどちらか。

☐ (3)需要量と供給量を一致させる価格を何というか。

☐ (4)少数の企業が一方的に決めた価格を何というか。

☐ (5)独占禁止法を運用し，企業間の競争をうながす機関は何か。

☐ (6)国や地方公共団体が決定・認可する電気・水道・鉄道などの料金を何というか。

② 私たちの生活と金融

☐ (1)日本銀行には，政府の銀行，銀行の銀行としてのほか，もう１つどのような役割があるか。

☐ (2)日本銀行が，国債の売買によって通貨量を調整する政策を何というか。

☐ (3)(2)の政策で日本銀行が国債を金融機関に売った場合，市場に流通する通貨量は増えるか，減るか。

☐ (4)商品の供給量に対して通貨量が増え，物価が上がることを何というか。

☐ (5)物価が持続的に下落し続ける現象を何というか。

☐ (6)円の価値が１ドルに対して90円から80円に変動した場合，円高と円安のどちらになったといえるか。

③ 労働者の権利

☐ (1)労働三法とは，労働組合法，労働基準法と何か。

☐ (2)勤務年数にしたがって賃金が増える制度を何というか。

☐ (3)同じ企業で，定年まで働くことを何というか。

☐ (4)現在は，派遣労働者などの（　　　）労働者が増えている。

☐ (5)その実現が課題となっている，仕事と生活の調和のことを何というか。

答

① (1)需要量　(2)供給量　(3)均衡価格　(4)独占価格　(5)公正取引委員会　(6)公共料金

② (1)発券銀行　(2)公開市場操作　(3)減る　(4)インフレーション（インフレ）
　(5)デフレーション（デフレ）　(6)円高

③ (1)労働関係調整法　(2)年功賃金制　(3)終身雇用制　(4)非正規
　(5)ワーク・ライフ・バランス

基 礎 問 題

▶答え　別冊p.14

1 〈需要と供給の関係〉 ━◦重要

右の図を見て，次の各問いに答えなさい。

(1) 図のＡ・Ｂを，それぞれ何曲線というか。

Ａ［　　　　　　　曲線］

Ｂ［　　　　　　　曲線］

(2) ＡとＢの曲線が一致するところでできまるＰの

価格を何というか。　　　［　　　　　　　］

(3) Ａ曲線とＢ曲線の関係について述べた次の文

の空欄に，あてはまる語句を書け。

「Ａ曲線がＢ曲線を上回ったとき，商品の価

格は①［　　　　　　　　　］。Ｂ曲線がＡ曲線を

上回ると，価格は②［　　　　　　　　　］。」

(4) 需要・供給に関係なく，政府が決定や認可をする価格は何か。　　　［　　　　　　　］

価格

Ｂ

Ｐ▶

Ａ

取引量

需要量
供給量

2 〈日本銀行，為替相場〉

次の各問いに答えなさい。

━◦重要 (1) 紙幣を発行する銀行という意味で，日本銀行のことを何銀行とよぶか。

［　　　　　　　　　］

(2) 日本銀行が，通貨量を調整することによって景気や物価に影響をあたえようとする政

策を何というか。　　　　　　　　　　　　　　　　［　　　　　　　　　］

(3) 円高について述べた文として正しいものを，次のア～ウから１つ選べ。　［　　　］

ア　円の価値が上がるので，輸出が増えていく。

イ　円の価値が下がるので，輸入が増えていく。

ウ　円の価値が上がるので，輸入が増えていく。

3 〈労働者と労働問題〉 ⚠ ミス注意

次の各問いに答えなさい。

(1) 賃金や労働時間などの最低基準を定めている日本の法律は何か。［　　　　　　　］

(2) 労働条件の整備を担当する省庁はどこか。　　　　　　　［　　　　　　　］

(3) 長時間労働による過労や極度のストレスによって死亡する労働災害を何というか。

［　　　　　　　］

(4) 社員として採用したら定年まで雇用し続ける制度を何というか。［　　　　　　　］

4 〈景気変動〉

次の図は景気変動を模式的に表したものであり，A～Dは景気の状態を示している。これについて，あとの問いに答えなさい。

景気変動の図

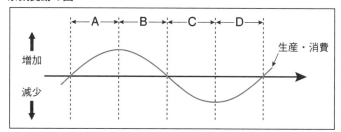

(1) Aの状態における経済のようすとして適切なものを，次のア～エから1つ選べ。 [　]

　ア　商品の売れ行きが悪くなり，工場では生産を減少させる。

　イ　商品の売れ行きが良くなり，工場では生産を増加させる。

　ウ　商品の供給が需要を上回り，工場では生産が少しずつ回復する。

　エ　商品の需要が供給を上回り，工場では生産を少しずつ減少させる。

(2) 好景気が続いて市場に出回る通貨の量が多くなると，インフレーションとデフレーションのどちらになりやすいか。 [　]

5 〈金融機関，独占〉 🔔がつく

次の表は，日本銀行と一般の銀行とが，紙幣の発行，国債の買い入れ，私企業への貸付を行うことができるかどうかについて，できる場合は「○」，できない場合は「×」で示そうとしたものである。この表について，あとの問いに答えなさい。

	日本銀行	一般の銀行
千円札，二千円札，五千円札，一万円札などの紙幣を発行したり，回収したりする。	○	×
不況の時は，金融政策としてa国債を買い入れ，民間に出回る資金量を豊富にする。	A [　]	×
個人から預かっているお金の一部を，b私企業へ設備投資などの事業資金として貸し付ける。	B [　]	C [　]

(1) 表のA・B・Cの欄に入る記号を「○」か「×」で示せ。

(2) 下線部aの国債の買い入れに関係する言葉を，次のア～エから1つ選べ。 [　]

　ア　準備預金制度　　　イ　カルテル　　　ウ　公開市場操作　　　エ　金融引き締め

(3) 下線部bの私企業の中には，独占企業として市場を支配しようとする企業もある。その弊害をなくすよう監視している機関の名を答えよ。[　]

 ヒント

4 需要曲線は消費者の行動を示すもの。一般に価格が高くなると消費をひかえる。

5 日本銀行のおもな仕事の1つは，通貨量の調整である。

1 〈市場経済〉

お母さんから「キャベツが高い」と聞いていた佳菜さんは，価格を確認するために野菜売り場に行った。売り場には「天候不順のため入荷量が減っています」という張り紙があり，佳菜さんは授業で学習した需要と供給の関係を思い出した。あとの各問いに答えなさい。

(1) 次の文中の ┌ X ┐，┌ Y ┐ にあてはまる言葉の組み合わせを，あとのア〜エから1つ選べ。

> 右の図で，商品の価格が**a**の時は ┌ X ┐ を上回り，売れ残りが出る。供給者が売れ残りを減らすため価格を下げれば，購入を考える需要者が増えるので，**b**の ┌ Y ┐ 価格へと向かう。

需要と供給の関係

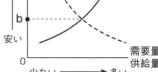

ア X―需要量が供給量 Y―均衡 [　　　　]

イ X―供給量が需要量 Y―均衡

ウ X―需要量が供給量 Y―寡占

エ X―供給量が需要量 Y―寡占

(2) 商品によっては，供給者が少数の企業に集中して，消費者は不当に高い商品を買わされるなど，不利益を受けることがある。過度な集中を防止して，公正で自由な競争をうながすために設けられている法律を何というか。 [　　　　]

重要 (3) この図において，需要曲線を示すのは，実線・点線のどちらか。 [　　　　]

(4) 市場経済のもとでは，さまざまな市場がはりめぐらされているが，資金の貸し借りや，利率の上下を利用した資金の運用などが行われる市場を何というか。 [　　　　]

2 〈デフレーション〉差がつく

次の文を読み，あとの各問いに答えなさい。

商品の供給量に対して通貨量が ①{増え，減り}，物価がしだいに下がり，生産活動が不活発になる現象をデフレーション（デフレ）という。デフレになると，商品の売れ行きが ②{良く，悪く} なり，企業は生産を ③{増やし，減らし}，倒産する企業も出て，失業者が増える。

また，第二次世界大戦前には，不景気になると物価は ④{上が，下が}ったが，1975年ごろからは，不景気の中でも物価が上がるという現象が目立ってきた。

(1) 文中の①〜④の{　}の中から，あてはまる語句をそれぞれ選べ。

①[　　　] ②[　　　] ③[　　　] ④[　　　]

(2) デフレーションとは逆の現象（デフレーションの反対語）を何というか。[　　　]

(3) デフレ対策として日本銀行がとる金融政策を次のア〜エから1つ選べ。 [　　　]

ア 国債を買う　　イ 国債を売る　　ウ 預金準備率を上げる　　エ 減税する

3 〈銀行，円高・円安問題〉

次の(1)，(2)の文の空欄に適する語句をあとのア～クから１つずつ選びなさい。

(1) 銀行は，　①　業務，　②　業務のほか，資金のやりとりの仲だちをする　③　業務を行う。

　①　業務の利子よりも　②　業務の利子を高くして，その差額が銀行の利益となる。

(2) 外国為替市場において，１ドル＝100円だったのが，１ドル＝80円になったとすると，これは

　④　で，日本の貿易は，　⑤　はしやすくなるが，　⑥　はしにくくなる。

ア　為替　　イ　貸付　　ウ　預金　　エ　発券　　①[　　　]　②[　　　]　③[　　　]

オ　円高　　カ　円安　　キ　輸出　　ク　輸入　　④[　　　]　⑤[　　　]　⑥[　　　]

4 〈労働者の権利と雇用問題〉 🔑重要

次の文を読み，あとの各問いに答えなさい。

　　企業を経営する使用者との関係では弱い立場にある労働者の人権を守るために，わが国では労働三法が定められている。このうち，　①　法においては，労働時間や休日，賃金などの労働条件の最低基準が定められている。また，　②　法においては，労働者のa労働組合を結成する権利や賃金，労働時間などの労働条件についてb使用者と交渉する権利などについて具体的に定められている。これらに加えて，1980年代には　③　法が定められるなど，働く女性のための環境整備にも取り組んでいる。

　　また，日本では，一度雇用されたら，大きな失敗や事故などがない限り，定年まで雇用されるという制度があった。そのため，たいていの企業では，勤続年数に応じて賃金も高くなる（　　　）というしくみが採用されてきた。しかし，最近ではc技術革新や雇用をめぐる社会環境の変化などにより，これらの制度を見直す動きが出てきた。今後は，個人の能力や成績による賃金格差が広がっていくものと考えられる。

(1) 文中の　①　～　③　のそれぞれにあてはまる語句を，次のア～オから１つずつ選べ。

　　　　　　　　　　　　　　　　　　　　①[　　　]　②[　　　]　③[　　　]

ア　労働組合　　　　　イ　労働関係調整　　　ウ　労働基準

エ　男女雇用機会均等　オ　男女差別禁止

(2) 下線部a・bは，労働基本権（労働三権）のいずれにあたるか，それぞれ書け。

　　　　　　　　　　　　　　　a[　　　　　　]　b[　　　　　　]

⚠️ミス注意 (3) 文中の（　　　）にあてはまる語句を，次のア～エから１つ選べ。　　　[　　　]

ア　年俸制　　　イ　年功賃金制　　　ウ　恩給制　　　エ　保障賃金

(4) 下線部cの社会環境の変化にあたらないものを，次のア～エから１つ選べ。　[　　　]

ア　中高年の再就職は困難になっている。

イ　潜在失業者（労働条件が著しく劣っていたり，就業が非常に不安定な職業についているなど，実際には失業しているのと同じ状態にある人）は年々減ってきている。

ウ　外国人労働者が年々増えてきている。

エ　女性や障がい者などが働きやすくするための制度の整備が必要となってきた。

実力アップ問題

◎制限時間 **20分**
◎合格点 **80点**
▶答え　別冊p.15

[　　　　] 点

1 次の各問いに答えなさい。　　　　　　　　　　　　　　　　　　　　　　　〈10点×3〉

(1) [a] は，日本の中央銀行として，[a] 券を発行している。[a] にあてはまる銀行の名称を書け。

(2) 右の図は，野菜や果実など一般的な商品の需要曲線と供給曲線を表したものであり，図中の曲線 **b** は需要曲線，曲線 **c** は供給曲線にあたる。曲線 **c** は，価格が [　　　　　　] という供給曲線の一般的な特徴を示している。[　　] に適当な言葉を書き入れて文を完成させよ。ただし，[　　] には「供給量」の言葉をふくめること。

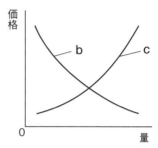

(3) 生産の集中について，わが国における，ある商品の独占や寡占の状態を調べる時に使う資料として最も適当なものを，次の**ア**〜**エ**から１つ選べ。

ア ある商品の年間生産量に占める，輸出された量の割合を示した資料。

イ ある商品の年間生産額に占める，企業ごとの生産額の割合を示した資料。

ウ ある商品の年間生産額の，前年の年間生産額に対する増加率を示した資料。

エ ある商品の年間生産量を，全企業の従業員数で割った数値を示した資料。

(1)		(2)		(3)	

2 次の各問いに答えなさい。　　　　　　　　　　　　　　　　　　　　　　　〈10点×3〉

(1) 消費者が訪問販売等で商品購入の契約を結んでも，一定期間内であれば無条件で契約を解除できる制度を何というか。

(2) 消費者の権利，義務など必要な情報の提供を事業者に義務づけ，悪質業者が事実と異なる説明をしたことなどによる契約上のトラブルから消費者を守るため，2000年に公布，2001年に施行された法律を何というか。

(3) 右の図は景気変動の模式図である。図中の**A**，**B**，**C**にあてはまる語の組み合わせとして正しいものを，次の**ア**〜**エ**から１つ選べ。

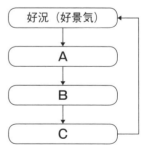

ア A 後退　　B 不況　　C 回復

イ A 後退　　B 回復　　C 不況

ウ A 不況　　B 後退　　C 回復

エ A 不況　　B 回復　　C 後退

(1)		(2)		(3)	

3 次の文を読み，あとの各問いに答えなさい。 〈10点×2〉

A 通貨と通貨の交換比率を為替相場（為替レート）という。

Aに関して，次の文中の　a　，　b　，　c　にあてはまる語の組み合わせを，あとの
ア〜カから1つ選べ。また，文中の　d　にあてはまる語を答えよ。

> 1ドル＝150円が1ドル＝100円になった場合を考えてみましょう。1ドルの商品を買う
> ために150円はらっていたのが，100円で買えることになります。これは，ドルに対して円
> の価値が　a　ことを表しており，　b　といいます。この時，貿易は　c　が有利に
> なります。また，さまざまな外国通貨の中にあって，EU内のおもな国では，自国の通貨
> にかわり，　d　という共通の通貨を使うようになりました。

ア　a 上がった　　b 円高　　c 輸入

イ　a 下がった　　b 円高　　c 輸出

ウ　a 上がった　　b 円安　　c 輸入

エ　a 下がった　　b 円安　　c 輸出

オ　a 上がった　　b 円高　　c 輸出

カ　a 下がった　　b 円安　　c 輸入

記号		d	

4 次の図と下の文は，株式会社のしくみを示したものである。図と文中の空欄X・Yにあてはまる言葉を，あとのア〜エから1つずつ選びなさい。なお，図と文中の同じアルファベット記号には，それぞれ同じ言葉があてはまる。 〈10点×2〉

> 企業が生産活動を始めるとき，元手となる資金である（ X ）が必要となる。株式会社の
> 場合，株式の発行によって多くの出資者をつのり，資金を集める。出資者は株主とよばれ，
> 利潤（利益）の一部を（ Y ）として受け取る権利を持っている。

ア　公債　　　イ　資本　　　ウ　利子　　　エ　配当

X	Y

⑪政府の役割と国民の福祉

重要ポイント

① 財政とは

□ **財政**…政府の経済活動。資源配分・所得の再分配・経済の安定化機能。国の財政(**国家財政**)は、国会が議決した**予算**にもとづく。一般会計・特別会計・財政投融資。

□ **歳入と歳出**…政府の収入と支出。

・**歳入**…租税・印紙収入，**公債金**など。

・**歳出**…社会保障関係費，**国債費**，地方交付税交付金など。

② 租税と公債

□ **税の種類**…国税と地方税。
└所得税は個人，法人税は会社などが支払う

・**直接税**…税を実際に負担する人とおさめる人が同じ。

・**間接税**…税を負担する人とおさめる人が異なる(消費税など)。低所得者ほど，所得に占める税の割合が高くなる。

□ **公債(国債・地方債)**…税収の不足を補うために発行。返済が必要→**財政赤字の問題**。

国税	直接税	間接税
	所得税 法人税 相続税	酒税・たばこ税・消費税・揮発油税・関税など

地方税		直接税	間接税
	道府県	道府県民税・事業税・自動車税など	道府県たばこ税・ゴルフ場利用税・地方消費税など
	市町村	市町村民税・固定資産税・事業所税など	市町村たばこ税・入湯税など

▲国税と地方税

③ 財政と政府の役割

□ **政府の役割**…医療や教育などの公共サービスや社会資本(インフラ)の提供。

□ **所得の再分配**…累進課税で所得が多くなるほど税を多く徴収→社会保障により社会全体に配分。

□ **財政政策**…景気の変動を調整，経済の安定をはかる。

・**不景気**→公共投資を増やす。減税。 ・**好景気**→公共投資を減らす。増税。

④ 社会保障のしくみ

□ **生存権**…日本国憲法第25条「すべて国民は，健康で文化的な最低限度の生活を営む権利を有する」→国を中心に社会全体の力で保障。

□ **社会保障制度**…社会保険，公的扶助，社会福祉，公衆衛生が4本柱。

・**少子高齢化**→介護保険の導入。年金保険の財源確保の問題。

ポイント **一問一答**

① 財政とは

□(1)国の予算案は政府がつくるが，成立させるにはどの機関の議決が必要か。

□(2)租税や公債金などの，政府の収入を何というか。

□(3)歳出の三大費目は，社会保障関係費・地方交付税交付金と何か。

② 租税と公債

□(1)納税者と実際の税負担者が同一の租税を何というか。

□(2)消費税などのように，納税者と実際の税負担者が異なる税を何というか。

□(3)個人の収入(所得)にかけられる租税を何というか。

□(4)法人税は，国税か地方税か。

□(5)公債は，国や地方公共団体の正当な収入であるため，返済の必要はない。○か×か。

③ 財政と政府の役割

□(1)財政が持つ，国民の所得格差を少なくするはたらきを何というか。

□(2)(1)を行うために，所得が多い人ほど高い税率をかけるしくみを何というか。

□(3)政府が行う，財政による経済安定化政策を何というか。

□(4)不景気のときは，公共投資を増やす。○か×か。

□(5)好景気のときは，減税を行う。○か×か。

④ 社会保障のしくみ

□(1)日本国憲法第25条が保障している基本的人権は何か。

□(2)社会保障制度の4つの柱とは，公的扶助，社会福祉，公衆衛生ともう1つは何か。

答
① (1) 国会　(2) 歳入　(3) 国債費
② (1) 直接税　(2) 間接税　(3) 所得税　(4) 国税　(5) ×
③ (1) 所得の再分配　(2) 累進課税　(3) 財政政策　(4) ○　(5) ×
④ (1) 生存権　(2) 社会保険

基 礎 問 題

▶答え　別冊p.16

1 〈政府の経済活動〉 ●重要

右の図を見て，次の各問いに答えなさい。

(1) 政府の経済活動を何というか。漢字2字で答えよ。　[　　　　　　]

(2) (1)には，所得格差が広がり過ぎないように税制や社会保障政策などを通じて極端な格差を調整するはたらきがある。こうした(1)の機能を何というか。
[　　　　　　]

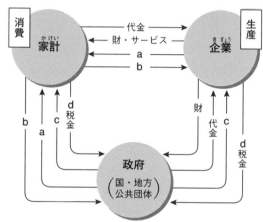

(3) 図中のa～cにあてはまる語句を，次のア～ウから1つずつ選べ。

a[　　] b[　　] c[　　]

ア　公共サービス　　イ　賃金　　ウ　労働力

(4) 右の表は，図のdの税の種類について示したものである。これを見て，次の問いに答えよ。

① A，Bは納税先による税の種類である。それぞれ何というか。

A[　　　　] B[　　　　]

② Xは，商品やサービスを購入した場合，一部の例外を除き定められた税率がかかる間接税である。何という税か答えよ。
[　　　　　　]

③ 累進課税制度が適用される税を2つあげよ。
[　　　] [　　　]

		直接税	間接税
A		所得税 法人税 相続税	X 酒税 たばこ税 有価証券取引税 印紙税
B	道府県税	道府県民税 事業税 自動車税	道府県たばこ税 ゴルフ場利用税
	市町村税	市町村民税 固定資産税 軽自動車税	市町村たばこ税

※東京都は道府県税にあたる税を，特別区は市町村税にあたる税を課税。

2 〈社会保障制度〉 ●重要

次の各文にあてはまる日本の社会保障制度を，あとの語群から選んで書きなさい。

(1) 病気やけが，失業や高齢になった時などに，現金の給付を受ける。　[　　　　　　]

(2) 生活保護法にもとづき，生活・教育・住宅などの援助を受ける。　[　　　　　　]

(3) 伝染病の予防や公害対策などを行う。　[　　　　　　]

(4) 高齢者や障がい者などに対して，保護や援助を行う。　[　　　　　　]

〔語群〕公的扶助　　社会保険　　公衆衛生　　社会福祉

3 〈財政のはたらき〉

はるきさんは，日本の財政のはたらきについて学習し，その内容をノートにまとめた。次の資料は，そのノートの一部である。この資料を見て，あとの各問いに答えなさい。

日本の財政のはたらき	
財政とは何か	政府が収入を得て行う経済活動のこと。
財政の収入と支出	①国民が義務として納める税金と，②国民から借りたお金をおもな収入として予算を編成し，公共的な事業に支出する。
財政の役割	・民間企業で供給できない　Y　の整備やサービスの提供をする。 ・財政政策を行うことで景気を調整する。 ・③所得の多い人と少ない人の経済的な格差を是正する。

2020 年度の日本の予算における財政支出の項目別割合

Z　関係費　5.2%
その他　9.9%
社会保障関係費　34.9%
文教および科学振興費　5.4%
公共事業関係費　6.7%
地方交付税交付金など　15.2%
X　費　22.7%

（財務省「日本の財政関係資料」より作成）

(1) 資料中の下線部①の「国民が義務として納める税金」は，その納税方法のちがいによって，直接税と間接税に分けることができる。どのようなちがいがあるか，「税を実際に納める人」「税を負担する人」という語句を用いて説明せよ。

[　　　　　　　　　　　　　　　　　　　　　　　　　　　　　　]

(2) 資料中の下線部②の「国民から借りたお金」について，その返済額がわが国の財政支出に占める割合を調べるために，はるきさんは，2020 年度の日本の予算における財政支出の項目別割合を円グラフにまとめた。はるきさんがまとめた資料中の　X　には，国民から借りたお金を返済するための支出項目が入る。　X　にあてはまる言葉を書け。　　　　　　　　　　　　　　　　　　　　　　　　　　[　　　　　　　]

(3) 資料中の　Y　には，道路や港湾など政府の資金で建設された公共施設を総称する言葉が入る。　Y　にあてはまる言葉を書け。　　　　　　　　　[　　　　　　　]

(4) 資料中の　Z　にあてはまる言葉を書け。　　　　　　　　　[　　　　　　　]

(5) 資料中の下線部③の，「所得の多い人と少ない人の経済的な格差を是正」することを目的に行われていることとして正しいものを，次のア～エから１つ選べ。　[　　　]

ア　紙幣を発行する。

イ　増税を行い，インフレを収束させる。

ウ　公共料金の金額を上げる。

エ　累進課税制度で税を徴収する。

ヒント

1 (4) ②商品を買ったり，サービスを利用した人は，だれでも同率のこの税を支払う。

2 公的扶助は，生活に困っている人に対して，国から生活費などを援助するもの。社会福祉は，社会的に弱い立場にある人を保護したり，自立できるように援助するしくみをさす。

3 (5) 所得の再分配の方策となっているものを選ぶ。

標 準 問 題

▶答え　別冊p.16

1 〈日本の財政〉
次の文と表について，あとの各問いに答えなさい。

> 政府が収入を得て，それをさまざまな用途に支出する活動を財政という。財政の収入は，国民のおさめる①税と，政府の借金である国債などの公債金からなっている。
> 　国の歳出には，②社会保障関係費，文教および科学振興費，地方交付税交付金，防衛関係費，公共事業関係費，国債費などの項目がある。
> 　日本経済は，1980年代後半から株価や地価が（ ③ ）するなど，バブル経済とよばれる状況になった。このバブル経済期の財政の特徴の１つは，税収入が大きく（ ④ ）したことである。

租税収入，国債発行額，歳出額の推移（単位：億円）

年度	租税収入	国債発行額	歳出額	年度	租税収入	国債発行額	歳出額
1996	552,261	217,483	788,479	2008	442,673	331,680	846,974
1997	556,007	184,580	784,703	2009	387,331	519,550	1,009,734
1998	511,977	340,000	843,918	2010	414,868	423,030	953,123
1999	492,139	375,136	890,374	2011	428,326	427,980	1,007,154
2000	527,209	330,040	893,211	2012	439,314	474,650	970,872
2001	499,684	300,000	848,111	2013	469,529	408,510	1,001,889
2002	458,443	349,680	836,743	2014	539,707	384,929	988,135
2003	453,694	353,450	824,160	2015	562,854	349,183	982,303
2004	481,029	354,900	848,968	2016	554,686	380,346	975,418
2005	522,905	312,690	855,196	2017	599,280	355,546	1,034,260
2006	555,143	274,700	853,681	2018	624,950	353,954	977,128
2007	550,953	254,320	829,088	（「数字でみる日本の100年 改訂第7版」による）			

(1) 文中の下線部①についての文として誤っているものを，次の**ア～エ**から１つ選べ。　[　　　]

　ア　個人の所得税の決定については，所得が多ければ多いほど各所得段階の税率を高くするという累進課税の方法がとられている。

　イ　個人の所得に対してかかる所得税や遺産に対してかかる相続税は，市町村におさめる税であるため地方税に分類されている。

　ウ　税金の種類には，税を負担する人が直接おさめる直接税と，税を負担する人とおさめる人が異なる間接税があり，所得税や相続税は直接税にあたる。

　エ　消費税などの間接税の場合には，個人の所得に関係なく，同じ商品を同じ価格で購入すれば，負担する税額も同じになる。

(2) 文中の下線部②が歳出全体に占める割合に近い数値を，次の**ア～エ**から１つ選べ。　[　　　]

　ア　5～6%　　　**イ**　10～15%　　　**ウ**　30～35%　　　**エ**　40～45%

(3) 文中の（ ③ ），（ ④ ）にあてはまる言葉を，次の**ア～エ**から１つずつ選べ。

　　　　　　　　　　　　　　　　　　　　　　　③[　　　] ④[　　　]

　ア　急激に上昇　　　**イ**　急激に下落　　　**ウ**　増加　　　**エ**　減少

(4)前ページの表について述べた文として最も適当なものを，次の**ア～エ**から1つ選べ。[   ]

ア 1996年度から2018年度までの間で，国債発行額が最も多いのは2014年度であり，国債発行額が最も少ない年度の6倍以上となっている。

イ 1996年度から2018年度までの間で，歳出額が最も多いのは2017年度であり，歳出額が最も少ない年度よりも50兆円以上多くなっている。

ウ 1996年度から2018年度までの間で，前年度とくらべて租税収入と国債発行額がともに減少した年度は，歳出額が前年度より必ず減少している。

エ 1996年度から2018年度までの間で，歳出額から租税収入を差し引いた金額が最も少ないのは2009年度であり，この年度の国債発行額は最も多くなっている。

---

2 〈財政の役割〉 重要

次の文を読み，あとの各問いに答えなさい。

> 国や地方公共団体には，財政を通じて，**A道路・港湾**や上下水道などをつくる役割がある。また，国の財政には，景気の調節をはかったり，累進課税や社会保障給付を通じて（ **B** ）をはかったりする役割もある。

(1)下線部**A**のような公共の施設や設備を総称して何というか。　[   ]
(2)空欄**B**にあてはまる語句を書け。　[   ]

---

3 〈財政と社会保障〉

次の各問いに，あとの語群からあてはまる語句を選んで答えなさい。

(1)歳出と歳入のバランスがとれた財政を何というか。　[   ]
(2)新しい会計年度が始まっても本予算が成立しない場合に組まれる予算を何というか。
　[   ]
(3)日本では，直接税と間接税のどちらの割合が高いか。　[   ]
(4)老齢や障がいに備える保険を何というか。　[   ]
(5)公的扶助の根拠となっている法律名を答えよ。　[   ]
(6)現在，40歳以上の人が保険料を負担しており，高齢や病気になった場合にサービスを受けられる保険を何というか。　[   ]
(7)日本で，社会保障を担当している国の役所名を書け。　[   ]
(8)一般会計とは別に，政府が資金を投資・融資することを何というか。[   ]
(9)一般に，不景気を改善する時に行われるのは増税か，減税か。　[   ]
(10)国税の直接税で，最も割合が高いものは何か。　[   ]

〔語群〕 赤字財政　健全財政　補正予算　暫定予算　直接税　間接税
　　　　介護保険　年金保険　生活保護法　老人福祉法　児童福祉法　財務省
　　　　経済産業省　厚生労働省　経済協力費　財政投融資　増税　減税
　　　　相続税　所得税

⑫これからの経済と社会

重要ポイント

① 公害問題

□ **公害**…大気汚染・水質汚濁・土壌汚染・地盤沈下・騒音・振動・悪臭など。

公害病	四日市ぜんそく	水俣病	新潟水俣病	イタイイタイ病
中心地	三重県四日市市	熊本県水俣市	新潟県阿賀野川下流	富山県神通川下流
原因	亜硫酸ガスによる大気汚染	化学工場の廃液にふくまれる有機水銀		鉱山から流れ出たカドミウム
公害裁判 被告	三菱油化などコンビナート6社	チッソ	昭和電工	三井金属鉱業
期間	1967年9月→1972年7月	1969年6月→1973年3月	1967年6月→1971年9月	1968年3月→1972年8月
判決	患者側全面勝訴			

▲四大公害と裁判のあらまし（裁判の期間は提訴年月→判決年月を示す）

□ **公害の防止**…公害対策基本法→**環境基本法**。環境庁→**環境省**。**汚染者負担の原則**
└1967年　└1993年　　　└1971年　└2001年

（**PPP**），**環境アセスメント**（環境影響評価）。公害防止の**住民運動**。

□ **循環型社会を目指す**…リデュースやリユース，リサイクル（**3R**）を進める。**循環型社会形成推進基本法**の制定。

② 資源・エネルギー問題

□ **日本の資源**…乏しい国内資源→輸入に頼る。

□ **エネルギー問題**…化石燃料が中心。省エネルギーや**再生可能エネルギー**の開発と利用→太陽光・風力・地熱・バイオマス（まき，木炭，家畜のふん）など。

□ **原子力発電**…日本でも発電量の約30%を占めていたが，安全性に大きな課題。2011年3月11日，東日本大震災により福島第一原子力発電所の事故が発生した。

（右図）

原材料 → 生産 → 消費・使用 → 廃棄

処理：熱回収・適正処分、再使用（リユース）、再生利用（リサイクル）

有用なもの

処分　捨てるしかないもの

ゴミの発生を抑制（リデュース）

▲循環型社会のしくみ

③ 農業・食料問題

□ **食料自給率の低下**…日本は，多くの食料を自国の生産でまかなうことができず，外国からの輸入に依存している。

④ 日本経済の課題

□ **グローバル化への対応**…自由貿易の中で，**国際競争**が激化。

□ **中小企業の活性化**…中小企業基本法による保護。ベンチャー企業としての活躍。

ポイント 一問一答

① 公害問題

□(1) 工場などの煙や，自動車の排気ガスなどによって大気がよごれる公害を何というか。

□(2) 四大公害のうち，鉱山から流れ出たカドミウムを原因とするのは何か。

□(3) 公害対策基本法に代わって1993年に定められた法律は何か。

□(4) 公害をおこした企業に，浄化などの責任を負わせる原則を何というか。正式名称で答えよ。

□(5) 開発を行うにあたって，事前に環境への影響を調査することを何というか。

□(6) ゴミなどの発生を抑制することを何というか。

□(7) リサイクルやリユースなどを進めて（　　）社会を形成する。

② 資源・エネルギー問題

□(1) 日本は資源に乏しいが，何に頼ってまかなっているか。

□(2) 太陽光発電や風力発電などのエネルギーの総称は何か。

□(3) 2011年3月11日の地震と津波により（　　）がおこり，福島第一原子力発電所では事故が発生した。

③ 農業・食料問題

□(1) 国内で消費される食料のうち，どの程度が国内産でまかなわれているかを表す指標を何というか。

④ 日本経済の課題

□(1) 近年の世界貿易の動向は，おもに保護貿易か自由貿易か。

□(2) 中小企業のうち，新しい技術で事業をおこした企業を何というか。

- -

答

① (1) 大気汚染　(2) イタイイタイ病　(3) 環境基本法　(4) 汚染者負担の原則
　　(5) 環境アセスメント（環境影響評価）　(6) リデュース　(7) 循環型

② (1) （外国からの）輸入　(2) 再生可能エネルギー　(3) 東日本大震災

③ (1) 食料自給率

④ (1) 自由貿易　(2) ベンチャー企業

基礎問題

▶答え　別冊p.16

1 〈エネルギー問題〉 ●重要
エネルギーに関して，次の**各問い**に答えなさい。

(1) 2020年の日本で，電力供給で最も多いものは何か，次の**ア～エ**から1つ選べ。

[　　　]

ア 水力　　**イ** 原子力　　**ウ** 火力　　**エ** 風力

(2) 次の文は，エネルギー問題について，Cさんがインターネットで調べ，まとめたものである。文中の空欄(らん)にあてはまる語句を，あとの**ア～キ**から1つずつ選べ。

X[　　　] Y[　　　] Z[　　　]

> 便利な生活を送るためには，エネルギーが欠かせない。エネルギーの中で，現在，最も多く使われている石油，石炭，天然ガスなどを　**X**　という。しかし，これらは限りのある資源で，今後採掘(さいくつ)できる年数である　**Y**　は限られている。省資源・省エネルギーの促進(そくしん)や　**Z**　な自然エネルギーの開発が，日本と世界の課題となっている。

ア 石油資源　　**イ** 化石燃料　　**ウ** 可採年数　　**エ** 埋蔵(まいぞう)年数

オ 自然燃料　　**カ** 再生可能　　**キ** 保存可能

2 〈世界と日本の食料問題〉
次の**各問い**に答えなさい。

(1) 祐太(ゆうた)さんが世界の貧困(ひんこん)と食料などの問題について調べた次のメモと図から考えて正しいものを，あとの**ア～カ**から2つ選べ。

[　　　][　　　]

> 2019年現在，世界の人口は約77億人である。最近では，アジアやアフリカなどの発展途上国で人口増加が著(いちじる)しい。経済の発展が追いつかず，多くの人々が貧困に直面しており，人口増加に伴(ともな)う食料不足などの問題がある。

ア 5歳(さい)以下で死亡する割合は，先進国で高い。

イ 5歳以下で死亡する割合は，発展途上国で高い。

ウ 5歳以下で死亡する割合は，発展途上国で低い。

エ 人口増加の著しい国では，5歳以下で死亡する割合が高い。

オ 人口増加の著しい国では，5歳以下で死亡する割合が低い。

カ 人口増加と栄養不足の問題は，直接は関係ない。

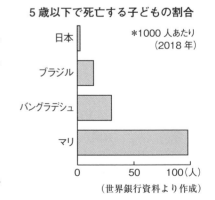

5歳以下で死亡する子どもの割合

*1000人あたり
（2018年）

日本
ブラジル
バングラデシュ
マリ

0　　　　50　　　100(人)

（世界銀行資料より作成）

(2) 日本の食料問題の中でも，日本人の大切なタンパク質源となっている水産資源の確保は重要である。地球温暖化によって，日本の経済水域（排他的経済水域）をめぐってどのような問題が生じるおそれがあるか，次の日本最南端の沖ノ鳥島の写真を参考にしながら「地球温暖化」と「経済水域」という語句を使って，簡潔に書け。

(3) 右の表は，各国の食料自給率を示したものである。**A**〜**C**から，日本にあてはまるものを1つ選べ。　[　　　]

（単位：%）

	A	B	C
食用穀物	60	170	132
野菜類	79	90	40
果実類	39	74	25
肉類	52	116	114
牛乳，乳製品	60	104	123
卵類	96	105	71
総合	38	130	95

（「日本国勢図会2019/20」より作成）

3 〈公害問題〉 **重要**
次の各問いに答えなさい。

(1) 次の病気は，すべて公害や薬害によるものである。このうち，四大公害にふくまれないものはどれか，**ア**〜**エ**から1つ選べ。　[　　　]
ア 新潟水俣病　　**イ** イタイイタイ病　　**ウ** 四日市ぜんそく　　**エ** スモン病

(2) 「日本では，（ ① ）省が中心となって公害対策を進め，1993年制定の（ ② ）法にもとづいて，さまざまな方策を実施し，リデュース（ごみの抑制）・リユース（再使用）・（ ③ ）（再生利用）などによる（ ④ ）型社会をめざしている。」空欄にあてはまる語句を答えよ。
①[　　　　　] ②[　　　　　] ③[　　　　　] ④[　　　　　]

ヒント

1 (2) 日本は，**X**のエネルギーの多くを輸入に頼っている。
2 (2) 国際法では，経済水域の範囲を定めるには，常に海面に出ている自然の島がなければならないとしている。沖ノ鳥島は，海水によってけずられ，満潮時に海面下に沈んでしまう可能性があった。
(3) 日本は，品目によってはほぼ国内で自給しているものもあるが，総合的な自給率は低い。

1 〈エネルギー問題〉 ●●重要

次の図は，主要先進国の一次エネルギー*の割合の概要を示したものである。これを見て，あとの各問いに答えなさい。 *石油や石炭など自然界に存在するままの形でエネルギーとして利用されているもの。

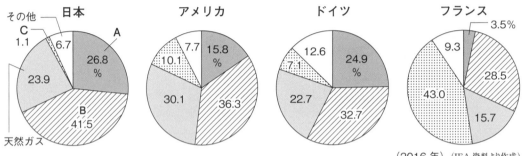

（2016 年）（IEA 資料より作成）

⚠️ミス注意(1)図中のA〜Cには，次の一次エネルギーのいずれかが入る。図を参考にして，それぞれにあてはまるものとして適当なものを，次のア〜エから1つずつ選べ。

A[　　] B[　　] C[　　]

ア　風力　　イ　原子力　　ウ　石炭　　エ　石油

(2)図中のA，Bにあてはまる一次エネルギーは，何とよばれる種類の燃料か，漢字2字で答えよ。

[　　　　　　　燃料]

(3)図中のCにあてはまる一次エネルギーの特徴について，簡潔に答えよ。

[　　　　　　　　　　　　　　　　　　　　　　　　　　　　　]

2 〈日本の環境政策〉

次の各問いに答えなさい。

(1)公害をおこした企業に，損害の費用などを負担させる原則を，アルファベット3字の略称で答えよ。 [　　　　　　]

(2)四大公害訴訟のうち，原告側が敗訴した裁判は何か。すべて原告側が勝訴している場合は×と答えよ。 [　　　　　　]

(3)現在の環境基本法のもとになった，1967年に制定された法律を答えよ。

[　　　　　　]

(4)環境影響評価の別のよび名を，「環境○○○○○○」という形でカタカナ6文字で答えよ。

[環境　　　　　　]

(5)おもに公害の防止などに取り組む，日本の省庁はどこか，答えよ。 [　　　　　　]

3 〈日本経済の課題〉
日本経済の課題について述べた次のメモを見て，あとの各問いに答えなさい。

> 世界でグローバル化が進む中で，ますます自由貿易の波が押しよせている。
> 日本では，従事者や戸数が減少し地位が低下している　**A**　や，数は多いが，生産性の低い　**B**　が，強く影響を受けることが予想されている。

(1) 文中の　**A**　，　**B**　にあてはまるものの組み合わせとして正しいものはどれか，次の**ア**〜**エ**から1つ選べ。　　　　　　　　　　[　　　]

　　ア　A—中小企業　B—農業　　　　　**イ**　A—大企業　B—農業

　　ウ　A—農業　　　B—中小企業　　　**エ**　A—農業　　B—大企業

(2) 　**B**　について，その保護や発展のための基本方針を定めた法律は何か。名称を答えよ。
　　　　　　　　　　　　　　　　　　　　　　[　　　　　　　　　　　　　　]

がつく(3) 一般に「円高」は，日本の貿易にどんな影響をあたえるか，「輸出」という言葉を使って，簡潔に答えよ。　　　　[　　　　　　　　　　　　　　　　　　　　　　　]

4 〈肉と魚の消費〉
次の図は，おもな国の肉と魚の消費量を比較したものである。これについて，あとの各問いに答えなさい。

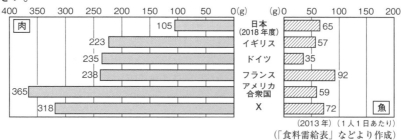

(2013年)（1人1日あたり）
（「食料需給表」などより作成）

がつく(1) 図中の**X**にあてはまる国を，次の**ア**〜**エ**から1つ選べ。　　　　[　　　]

　　ア　中国　　　**イ**　オーストラリア　　　**ウ**　ロシア　　　**エ**　インド

(2) 図に関する文として正しいものを，次の**ア**〜**エ**から1つ選べ。　　　[　　　]

　　ア　アメリカの肉の消費量は，ドイツの魚の消費量の約15倍である。

　　イ　魚の消費量が肉の消費量を上回っている国はない。

　　ウ　**X**の国の魚の消費量は，ドイツとイギリスの魚の消費量を合わせたものより多い。

　　エ　図中のEU加盟国で最も魚の消費量が多いのは，ドイツである。

5 〈持続可能な発展〉
持続する発展を維持していこうとする動きについて，次の各問いに答えなさい。

(1) 大量消費社会を改めて，自然のサイクルを重視していこうとする社会を何というか。

　　　　　　　　　　　　　　　　　　　　　　　　　　[　　　　　　　　　　　]

(2) (1)のために3R運動が進められているが，リデュースとは何か。　[　　　　　　　]

実力アップ問題

◎制限時間20分
◎合格点80点
▶答え 別冊p.17

| | 点 |

1 日本の社会保障制度について，右の表を見て，次の各問いに答えなさい。　　〈7点×3〉

(1) 表中の**A**は，40歳以上の国民が保険料を負担し，要介護者に介護サービスを提供するための保険である。この保険の名を何というか。

	内　容
社会保険	年金保険，医療保険，雇用保険，労災保険，（ **A** ）
（ **B** ）	生活保護
社会福祉	母子福祉，高齢者福祉，児童福祉，障がい者福祉
公衆衛生	公害対策，感染症対策，廃棄物処理　ほか

(2) 表中の**B**にあてはまる言葉を，漢字4字で書け。

(3) 日本で，社会保障制度をおもに担当している省庁はどこか，書け。

(1)		(2)		(3)	

2 日本では，資料Ⅰの四大公害をきっかけに公害対策基本法が制定され，その後，資料Ⅱを背景に，環境基本法に変わった。それは，日本の環境に関する考え方にどのような変化があったからか，簡潔に説明しなさい。　　〈8点〉

資料Ⅰ　公害に関する略年表

年代	事　項
1956	水俣病患者公式確認
1961	四日市ぜんそく表面化
1965	新潟水俣病公式確認
1967	公害対策基本法成立
1993	環境基本法成立

資料Ⅱ　地球環境問題への取り組みに関する略年表

年代	事　項
1972	国連人間環境会議
〃	国連環境計画発足
1985	オゾン層保護のウィーン条約採択
1987	フロン削減などに関するモントリオール議定書採択
1992	環境と開発に関する国連会議（地球サミット）

3 右の表を見て，次の各問いに答えなさい。

〈(1)～(3)6点×3，(4)5点，(5)8点〉

(1) ⅠとⅡのどちらが中小企業か。

(2) (1)のように答えた理由を，簡潔に書け。

(3) 次の文の空欄にあてはまる言葉を，カタカナで書け。

	Ⅰ	Ⅱ
事業所数	99.7%	0.3%
従業者数	68.8%	31.2%
製造業の出荷額	52.9%	47.1%

(2016年)　　（「中小企業白書2019」より作成）

　　東京や大阪などには，金属や機械関係の部品をつくっている中小企業が多く見られる。大企業の下請企業も多いが，情報通信や先端技術で世界に通用する（　　　）企業もたくさんある。

(4) 活動拠点を複数の国におき，国境をこえて展開する企業を何というか，書け。

(5) (4)の企業が増えた理由を，「現地生産」「生産コスト」という言葉を使い，簡潔に書け。

(1)		(2)			(3)	

(4)		(5)	

4 次の資料Ⅰ，Ⅱは，2018年度当初予算におけるわが国の歳入と歳出の内訳をそれぞれ示そうとしたものである。これを見て，あとの各問いに答えなさい。　　〈(1)(2)6点×2，(3)8点〉

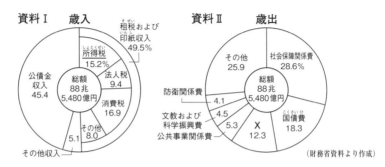

（財務省資料より作成）

(1) **資料Ⅰ**中の下線部の所得税のように，税をおさめる人と負担する人が同じである税を何というか。

(2) **資料Ⅱ**中に示した**X**は，国が収入の少ない地方公共団体に対して配分するものである。**X**にあてはまるものを，次の**ア〜エ**から1つ選べ。

ア　地方税　　　イ　政府開発援助　　　ウ　地方交付税交付金　　　エ　地方債

(3) 歳入の公債金，歳出の国債費の割合について，こうした状態が続いたときの財政上の問題は何か。簡潔に書け。

(1)		(2)		(3)	

5 次の文を読み，空欄にあてはまる言葉をあとの語群から1つずつ選びなさい。　　〈5点×4〉

　国や地方公共団体が，政治を進めるために行う経済活動を，財政という。財政は，不景気のときは（　①　）をしたり，（　②　）を増やしたりして景気の回復をはかり，景気が過熱するおそれのあるときは（　③　）によって，それをおさえるなど，景気を調節する役割をはたしている。また，累進課税制度と社会保障制度によって（　④　）をはかるという役割もになっている。

〔語群〕増税　　　減税　　　所得の再分配　　　通貨の調節　　　公共事業　　　消費税

①		②		③		④	

5章
地球社会と
私たち

⑬国際社会のしくみ

重要ポイント

① 国際社会と国家

- ☐ **主権国家の領域**…国家主権がおよぶ範囲。領土・領海・領空。
- ☐ **国際法**…国際慣習法と条約からなる国際社会でのルール。
- ☐ **国旗と国歌**…主権国家のシンボル。日本は1999年に「日章旗」を国旗,「君が代」を国歌と制定。

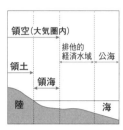

▲国家の領域

② 日本の領土をめぐる問題

- ☐ **竹島**…島根県に属する日本固有の領土であるが,**韓国**が不法に占拠している。
- ☐ **北方領土**…歯舞群島,色丹島,国後島,択捉島からなる。太平洋戦争後に**ソ連**が日本を追い出し,現在は**ロシア連邦**が不法に占拠している。
- ☐ **尖閣諸島**…日本固有の領土として国際法でも認められており,領土問題は存在しないが,**中国**や**台湾**が領有権を主張している。

③ 国際連合(国連)

- ☐ **国際連合**…1945年に成立。原加盟国51。国際連合憲章を採択。本部はニューヨーク。国連軍による軍事制裁や,平和維持活動(PKO)を行うことができる。
- ☐ **国際連合のしくみ**
  - ・**総会**…すべての加盟国がそれぞれ1票を持つ。年1回開催。
  - ・**安全保障理事会**…常任理事国(拒否権を持つ)と非常任理事国(10か国,任期2年)。
    └決議に基づき,平和維持活動(PKO)が行なわれる　└アメリカ・イギリス・フランス・ロシア・中国
  - ・**持続可能な開発目標(SDGs)**…**持続可能な社会**を実現するための取り組みの1つ。

④ 現代の国際社会

- ☐ **地域主義(リージョナリズム)と経済協力**
  - ・**EU**(ヨーロッパ連合)…政治的・経済的な統合をめざす。共通通貨ユーロを導入。
  - ・**ASEAN**(東南アジア諸国連合)…東南アジアの経済・社会の発展をめざす。
  - ・**TPP**(環太平洋経済連携協定)…環太平洋地域の経済の自由化をめざす(2018年12月発効)。
    └アメリカは2017年に脱退を通知した
  - ・**その他**…**APEC**(アジア太平洋経済協力会議),**USMCA**(米国・メキシコ・カナダ協定),**OPEC**(石油輸出国機構)など。FTA(自由貿易協定)を結ぶ国も増える。
    └旧NAFTA(北米自由貿易協定)

テストではココがねらわれる
- ●国際法と国家の領域についてまとめておこう。
- ●国際連合のしくみとその目的を確認しておこう。
- ●地域的経済協力のあらましや平和への脅威について理解を深めよう。

ポイント 一問一答

① 国際社会と国家

- ☐ (1)国家の領域には，領土と領海以外に何があるか。
- ☐ (2)国際法は２つに分類されるが，条約ともう１つは何か。
- ☐ (3)日本の国旗と国歌は，それぞれ何というか。

② 日本の領土をめぐる問題

- ☐ (1)現在，韓国が不法に占拠している，島根県の島を何というか。
- ☐ (2)歯舞群島，色丹島，国後島，択捉島からなる北方領土は，現在どこの国によって不法に占拠されているか。

③ 国際連合（国連）

- ☐ (1)第一次世界大戦の反省からつくられた国際平和機構は何か。
- ☐ (2)サンフランシスコ会議で採択され，国際社会の憲法ともいわれる文書は何か。
- ☐ (3)国際連合の原加盟国の数は何か国か。
- ☐ (4)国際平和と安全を維持するうえで重要な役割をはたす国連の機関は何か。
- ☐ (5)(4)のうち，恒久的にその地位にあり，拒否権を持つ５か国を何というか。
- ☐ (6)国連平和維持活動の略称を答えよ。

④ 現代の国際社会

- ☐ (1)ヨーロッパの多くの国が加盟している，政治的・経済的な統合をめざす組織の略称は何か。
- ☐ (2)(1)の加盟国の多くが導入している，共通通貨は何か。
- ☐ (3)ASEANとは，何という組織の略称か。
- ☐ (4)USMCAなど，特定の国や地域の間で，貿易の規制などをなくして，貿易の自由化を促進するとりきめを何というか。

答
① (1)領空 (2)国際慣習法 (3)**国旗**…日章旗 **国歌**…君が代
② (1)竹島 (2)ロシア連邦
③ (1)国際連盟 (2)国際連合憲章 (3)51か国 (4)安全保障理事会 (5)常任理事国 (6)PKO
④ (1)EU (2)ユーロ (3)東南アジア諸国連合 (4)自由貿易協定（FTA）

基礎問題

▶答え　別冊p.18

1 〈国際連合のしくみ〉
国際連合に関する次のメモを見て，あとの各問いに答えなさい。

> 本部は（　　）におかれ，総会，**A安全保障理事会**，経済社会理事会などの主要な機関と，いくつかの**B専門機関**からなっている。

(1) 文中の（　　）にあてはまる都市名を答えよ。　　　　　　　[　　　　　　　]
(2) 文中の下線部**A**においては，常任理事国のうち1か国でも反対すると決定できないことになっている。常任理事国が持つこの権利を何というか。　　　[　　　　　　　]
(3) 文中の下線部**B**について，国連の専門機関を，次の**ア～エ**から1つ選べ。　[　　　　]
　　ア ILO　　　**イ** USMCA　　　**ウ** OPEC　　　**エ** ASEAN

2 〈国連の活動〉 ●重要
右の写真は，国際連合がカンボジアで行った停戦の監視などの活動に，日本が1992年から1993年に協力した際のようすを撮影したものです。

(1) このような国連の活動を何というか，アルファベット3字の略称で書け。　　　[　　　　　　　]
(2) 国際連合の目的や活動について定めた，国際社会の憲法といわれるものは何か。

[　　　　　　　]

3 〈国家主権〉 ●重要
右の資料について，各問いに答えなさい。

(1) 主権がおよぶ範囲として正しいものを，資料の**ア～エ**から1つ選べ。　[　　　]

国家の主権がおよぶ範囲

領空（大気圏内）
領土
領海　排他的経済水域　公海
陸　　海

(2) 日本をはじめ多くの国では，領海を海岸から何海里までとしているか。

[　　　　　　　]

(3) 沖縄県に属する尖閣諸島の領有権を主張している国を，次の**ア～エ**から1つ選べ。

[　　　　　　　]

　　ア ロシア連邦　　　**イ** 韓国　　　**ウ** 中国　　　**エ** アメリカ合衆国

4 〈日本の国際連合への加盟〉

右の資料は，国際連合の旗に使われているデザインである。これについて，あとの各問いに答えなさい。

(1) 次の文の［　　］には同じ語句があてはまる。その語句を書け。　　　　　　　　　　　　　　　［　　　　　　　　］

> 　国際連合の旗は，北極が中心の世界地図のまわりに，［　　　］の象徴であるオリーブの枝が飾られている。これは，設立のおもな目的である［　　　］と安全の維持のための活動が，世界中におよぶことを示している。

(2) 日本が国際連合に加盟したのは1956年のことであるが，これには，この年にある国と国交を回復したことが大きな影響を与えている。その国はどこか，次のア～エから1つ選べ。　　　　　　　　　　　　　　　　　　　　　［　　　　　］

ア　ソビエト連邦　　　イ　アメリカ合衆国　　　ウ　韓国　　　エ　中国

5 〈国際連合〉

次の各問いに答えなさい。

(1) 国際司法裁判所がおかれている都市名を書け。　　　　　　　［　　　　　　　　］

(2) 次の各文のうち，UNESCO について述べているものをア～エから1つ選べ。また，UNESCO とは何の略称か，漢字10字で書け。

記号［　　］　名称［　　　　　　　　　　　　　　　］

ア　ケニアに本部がある。「かけがえのない地球」を合言葉に設立された国連人間環境会議で採択された内容を実施するために設立され，環境保全を進めている。

イ　アメリカ合衆国に本部がある。貧困などから子供たちの生命や健康を守るために設立され，「児童の権利に関する条約(子供の権利条約)」を活動の指針としている。

ウ　スイスに本部がある。難民問題の解決に向けて設立され，紛争などによって故郷を追われた難民の保護のための国際的な活動を先導，調整している。

エ　フランスに本部がある。世界の平和と人類の福祉の向上を目的に設立され，教育，科学および文化上の国際協力を通じて，平和と安全に貢献している。

⚠️ ミス注意 (3) 安全保障理事会の理事国は何か国か。　　　　　　　　［　　　　　　　　］

(4) 専門機関の WHO の日本語の名称を何というか。　　［　　　　　　　　］

ヒント

2(1) 国連平和維持活動の略称である。
4(2) 第二次世界大戦では日本と敵対していた，冷戦における超大国の1つである。
5(2) UNESCO は，国連の専門機関の1つ。UNICEF(国連児童基金。専門機関ではない)とはまちがえやすいので，しっかり区別しよう。

標準問題

▶答え　別冊p.18

1 〈国際連合〉
次の各問いに答えなさい。

重要(1) 次の図は，国際連合のおもな機関を簡略化して示したものである。図中の総会についての説明として誤っているものを，あとの**ア**〜**エ**から1つ選べ。　　　　　　　　　　[　　]

ア 5つの常任理事国がおかれており，これらの国々は決定に関して拒否権を持つ。

イ 国際連合の加盟国には，1国1票の投票権がある。

ウ 国際連合の中心的な機関で，全加盟国によって構成されている。

エ 毎年1回，定期的に開催されている。

(2) 次の条文は，1948年に国際連合の総会で採択された決議の一部である。この決議を何というか。あとの**ア**〜**エ**から1つ選べ。　　　　　　　　　　　　[　　　　]

> 第1条　すべての人間は，生まれながらにして自由であり，かつ，尊厳と権利について平等である。
>
> 第6条　すべて人は，いかなる場所においても，法の下において，人として認められる権利を有する。

ア 世界人権宣言　　　**イ** 国際連合憲章　　　**ウ** ポツダム宣言　　　**エ** リオ宣言

ミス注意(3) 国際連合のしくみやはたらきに関する説明として適当でないものを，次の**ア**〜**エ**から1つ選べ。　　　　　　　　　　　　　　　　　　　　　　　　　　　[　　]

ア 1945年，原加盟国51か国で成立した。

イ 安全保障理事会の決議は，常任理事国が拒否権を行使した場合でも多数決で成立する。

ウ 主要機関の1つに，経済社会理事会がある。

エ 平和をおびやかす侵略行為に対して，軍事的措置をとることができる。

(4) 安全保障理事会の常任理事国にあてはまらない国を次から1つ選べ。　　　[　　　　]

アメリカ合衆国　　　フランス　　　ドイツ　　　イギリス　　　ロシア　　　中国

(5) 次の①〜③の説明にあたる機関を，あとの**ア**〜**オ**から1つずつ選べ。

① 教育・科学や文化を通じて，世界の国々の交流や世界平和を促進する。　[　　]

② 世界中の不幸な境遇にある子どもたちに救援の手をさしのべる。　　　　[　　]

③ 原子力の平和利用を促進する。　　　　　　　　　　　　　　　　　　　[　　]

　　　　ア IAEA　　　**イ** ILO　　　**ウ** UNESCO　　　**エ** UNICEF　　　**オ** UPU

2 〈地域主義と経済統合〉 差がつく

次の文を読み，下の地図を見て，あとの問いに答えなさい。

　めまぐるしく変化する国際社会では，国と国とをへだてる壁は低くなり，グローバル化が進んできた。一方で，地域的な結び付きを強める動きも見られ，わが国はこのような地域統合の動きにも対応するとともに，わが国独自の地域的な結び付きを模索している。

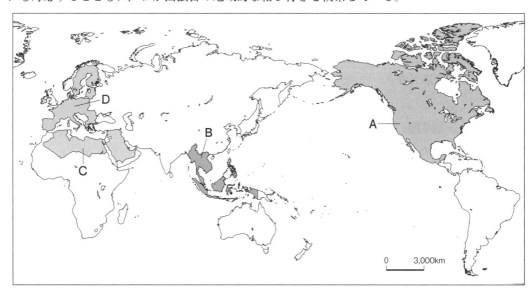

(1) 文中の下線部について，次の表の**ア～エ**は，略地図中に示した**A～D**の，2019年における人口，国内総生産(GDP)の統計を示し，地域統合の動きについてまとめたものである。**A～D**にあてはまるのは，表の**ア～エ**のうちのどれか。また，それぞれの略称をあとの**カ～コ**から選べ。　　A[　，　] B[　，　] C[　，　] D[　，　]

	人口 （百万人）	国内総生産 （億ドル）	地域統合の動き
ア	319	12,211	アラブの主要石油輸出国が，石油による利益を最大限に活用することを目的として1968年に機構を結成し，石油政策の調整による原油の値上げを行うなど，資源外交を展開している。
イ	511	173,065	1967年に経済関係を中心に結成した共同体を，1993年に拡大して地域連合とし，各国の通貨を廃止して共通通貨を用い，域内の経済発展をはかるなどの共通政策を行っている。
ウ	647	27,650	第二次世界大戦後，植民地から独立国となり，地域紛争などに苦しんでいた国などが，地域の安定と発展を求めて1967年に連合を結成し，経済と政治の分野で協力を進めている。
エ	487	222,907	移民の増加が課題となっている経済大国を中心に，となり合う3か国間で1994年に自由貿易協定を結び，関税をなくして投資を自由化するなど，実効性ある関係を築いている。

(注)国内総生産とは，1年間に国内で新たに生み出された価値の総額のこと。（「世界国勢図会 2019/20年版」などより作成）

　カ USMCA　　**キ** ASEAN　　**ク** OAPEC　　**ケ** NATO　　**コ** EU

(2) 地域をこえて世界の貿易の発展をはかるWTOの日本語名称を書け。　[　　　　　　　]

⑭さまざまな国際問題

重要ポイント

① 地球環境問題

- ☐ **地球温暖化**…空気中の**温室効果ガス**(二酸化炭素など)の増加→海水面の上昇，砂漠化，異常気象。
- ☐ **酸性雨**…森林を枯らし，生態系を変化させる。
- ☐ **オゾン層の破壊**…フロンガスが，有害な紫外線を防ぐ地球のオゾン層を破壊。
- ☐ **環境問題への取り組み**
  - ・国連環境開発会議(**地球サミット**。1992年，リオデジャネイロ)…**持続可能な開発**に向けた話し合い。気候変動枠組み条約などを採択。
  - ・地球温暖化防止京都会議(1997年)…国ごとの二酸化炭素削減枠を決定(京都議定書)。
- ☐ **温暖化への対策**…**再生可能エネルギー**の利用促進や，省エネルギー技術の開発促進など。
- ☐ **循環型社会**…大量消費社会からの転換，生活様式の見直し→**3R運動**など。
  └→リデュース・リユース・リサイクル

② 資源・エネルギー問題

- ☐ **化石燃料**…石油・石炭・天然ガス→世界のエネルギー消費の8割以上。
- ☐ **原子力**…新しいエネルギー源として開発が進んだが，安全性に課題。原発事故。

③ 貧困の問題

- ☐ **人口の増加**…発展途上国で著しい→経済成長が追いつかず，貧困や飢餓。
- ☐ **南北問題**…南の発展途上国と北の先進国との経済格差の問題。
  - ・**南南問題**…発展途上国の間における経済格差の問題。

④ 新しい戦争

- ☐ **地域紛争**…国内や，その周辺の国を巻き込んで起こる紛争。経済格差の広がりや，それに対する政府への不満などが背景にある。
- ☐ **民族紛争**…民族間や宗教間の対立を背景とする，地域紛争の形の1つ。
- ☐ **テロリズム**…武装した集団により，敵対する国の軍隊や警察，一般の人々を攻撃したり，建造物を破壊したりする行為。**同時多発テロ**(2001年，アメリカ合衆国)など。
- ☐ **難民**…紛争などを理由に，国外へ逃れた人々。国連難民高等弁務官事務所(UNHCR)の支援。

テストでは
ココが
ねらわれる

● 温暖化や酸性雨などの地球環境問題についてまとめておこう。
● 環境問題や南北問題への国際的な取り組みを理解しておこう。
● 新しい戦争の特徴が国家間の争いでなくなっていることを確認する。

ポイント 一問一答

① 地球環境問題

□ (1) 窒素酸化物や硫黄酸化物をふくみ，森林などに被害を与える雨を何というか。

□ (2) 1992年に国連環境開発会議が開かれた都市はどこか。

② 資源・エネルギー問題

□ (1) 石炭・石油・天然ガスなどの（　　　）燃料は，エネルギー消費の多くを占めている。

□ (2) フランスなどで多く利用され，環境への影響も少ないとされるが，安全性が深刻な課題となっているエネルギー源は何か。

③ 貧困の問題

□ (1) 発展途上国の人口は，増加しているか，減少しているか。

□ (2) 発展途上国の間にある，最貧国と新興国などとの経済格差の問題を何というか。

④ 新しい戦争

□ (1) 経済格差や国の政治体制への不満などを背景に，国内やその周辺国で起こる争いを何というか。

□ (2) 国境をこえた武装集団により，国の軍隊や警察が攻撃されたり，一般市民が被害を受けたりする行為を何というか。

□ (3) 2001年9月11日に，ハイジャックされた旅客機がニューヨークの世界貿易センタービルに突入したできごとを何というか。

□ (4) 紛争や迫害，弾圧などを理由に国外へ逃れ，国境付近のキャンプや周辺国で暮らす人々を何というか。

□ (5) UNHCRとは何の略称か。

答

① (1) 酸性雨　(2) リオデジャネイロ

② (1) 化石　(2) 原子力

③ (1) 増加している　(2) 南南問題

④ (1) 地域紛争　(2) テロリズム　(3) 同時多発テロ　(4) 難民　(5) 国連難民高等弁務官事務所

基礎問題

▶答え　別冊p.19

1 〈環境問題①〉 ●●重要

次の各問いに答えなさい。

(1) 次の地球環境問題の原因となる物質を，次の**ア～エ**から1つずつ選べ。

① 地球温暖化 [　　　]　② オゾン層の破壊 [　　　]　③ 酸性雨 [　　　]

ア 硫黄酸化物　　**イ** 二酸化炭素　　**ウ** フロンガス　　**エ** 有機水銀

(2) 地球温暖化が引きおこす現象を，次の**ア～ウ**から1つ選べ。　　　　[　　　]

ア 枯れ木の増加　　**イ** 海面の上昇　　**ウ** 皮膚がんの増加

(3) 1992年の地球サミットで中心的な考え方とされたのは，[①]な開発である。この会議では，地球温暖化防止のための [②] 枠組み条約が結ばれた。空欄①・②に入る語句をそれぞれ漢字4字で書け。　　① [　　　　　]　② [　　　　　]

2 〈環境問題②〉

次の文は，ひろし君とお父さんの環境問題についての会話の一部である。これを読み，あとの各問いに答えなさい。

> ひろし：今日，学校でa日本の環境政策やb環境問題について勉強したよ。ところで，お父さんは，地球温暖化防止のための国際会議が，京都で開かれたのは知っている？
>
> 　　父：二酸化炭素などの□□□□ガスの排出削減を，先進工業国などに義務づけた議定書が採択された会議だったな。
>
> ひろし：日本も□□□□ガスの削減目標があることが分かったよ。
>
> 　　父：だから，これからは，地球温暖化防止に向けて，国や企業，地域，市民がいっしょになって取り組むことが必要なんだ。

(1) 下線部**a**の基盤となる，1993年に制定された法律の名称を書け。　　[　　　　　]

(2) 下線部**b**について，日本で取り組まれている内容として適切でないものを，次の**ア～エ**から1つ選べ。　　　　　　　　　　　　　　　　　　　　　　　[　　　]

ア 石油や石炭などの化石燃料に税金をかける炭素税が2000年に導入された。

イ 貴重な自然や歴史的環境を守るための，ナショナルトラスト運動が行われている。

ウ 循環型社会をめざして，資源の再生利用・再使用やごみの抑制などが行われている。

エ 太陽光発電，風力発電，ハイブリッドカーなどの開発や普及が進められている。

(3) 文中の□□□□に共通して入る語を書け。　　　　　　　　[　　　　　]

96

3 〈資源・エネルギー問題〉
次の各問いに答えなさい。

(1) 石油，石炭，□□□などの化石燃料は，世界のエネルギー消費量の8割以上を占めている。□□□に入る語句を，次の**ア～エ**から1つ選べ。　　　　　　[　　　]
　　ア マンガン　　　**イ** ウラン　　　**ウ** 天然ガス　　　**エ** 地熱

(2) 日本において，最も多くの電力を発電している発電方法を，次の**ア～エ**から1つ選べ。
　　　　　　　　　　　　　　　　　　　　　　　　　　　　　　　[　　　]
　　ア 火力発電　　　**イ** 水力発電　　　**ウ** 原子力発電　　　**エ** 太陽光発電

(3) 風力発電のように，地球資源の一部など自然界に常に存在し，二酸化炭素を排出しないクリーンなエネルギーの名称を書け。　　　　　　[　　　　　　]

4 〈貧困の問題〉
次の文を読み，あとの各問いに答えなさい。

> アジアやアフリカの発展途上国では，（　①　）とよばれる急激な人口増加が発生する国もあり，貧困や飢餓が問題となっている。発展途上国と先進工業国の間では大きな経済格差が見られ，このような問題は（　②　）とよばれている。また，近年では，発展途上国の中でも新興国とよばれる工業化が進んだ国が出現したことで，発展途上国間での経済格差も問題となっている。このような問題は（　③　）とよばれている。

(1) 文中の空欄①に入る語句を書け。　　　　　　　　　　　　　[　　　　　　]

(2) 文中の空欄②・③にあてはまる語句の組み合わせとして最も適切なものを，次の**ア～エ**から1つ選べ。　　　　　　　　　　　　　　　　　　　　　　[　　　]
　　ア ② 南北問題　③ 南西問題　　　**イ** ② 南北問題　③ 南南問題
　　ウ ② 南南問題　③ 南西問題　　　**エ** ② 南南問題　③ 南北問題

5 〈新しい戦争〉
次の問いに答えなさい。

　右のグラフは，世界の地域別難民等の割合を示しており，グラフ中の**ア～ウ**は，ヨーロッパ，北米・中南米，アフリカのいずれかを示している。アフリカにあてはまるものを，グラフ中の**ア～ウ**から1つ選べ。　　　　　　[　　　]

ア 36.4%	アジア・大洋州 38.3	イ 8.1	ウ 17.2

 ヒント

2(1) 公害対策基本法を発展させたもの。
3(3) 太陽光発電などもふくまれる。

標 準 問 題

▶答え　別冊p.19

1 〈資源・エネルギー問題〉 🔾重要
次の文を読み，あとの各問いに答えなさい。

> わたしたちの生活において欠かすことのできないものであるエネルギーは，世界中で使用されている。中でも①化石燃料は，そのエネルギー消費量の８割以上を占めている。日本は，エネルギー資源の９割以上を輸入に頼っており，それらのエネルギー資源を用いて，ものをつくったり，②発電を行ったりしている。しかし現在では，③二酸化炭素などの（ ④ ）ガスの削減が求められていることから，⑤新たなエネルギー資源の開発にも注目が集まっている。

(1) 下線部①の化石燃料について述べた文として正しいものを，次の**ア～エ**から１つ選べ。

[　]

ア　化石燃料は，可採年数に限りがある。

イ　化石燃料の消費量は，年々減少している。

ウ　おもな化石燃料は，石油，石炭，フロンガスである。

エ　化石燃料は，発展途上国では使用されていない。

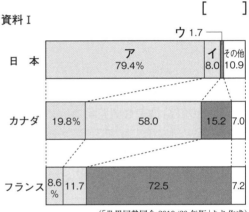

資料 I

(「世界国勢図会 2019/20 年版」より作成)

(2) 下線部②について，右の**資料 I**は，2016年の日本・カナダ・フランスの発電方法別の発電量割合を示している。**資料 I** 中の**ア～ウ**のうち，水力と原子力を示すものをそれぞれ１つずつ選べ。　水力 [　]　原子力 [　]

(3) 下線部③について，次の**資料 II**は，世界の二酸化炭素排出量割合の変化を示している。**資料 II** 中の**A**にあてはまる国を次の**ア～エ**から１つ選べ。

[　]

ア　アメリカ合衆国　　イ　ロシア連邦

ウ　中国　　　　　　　エ　日本

資料 II

1990 年 205 億 t	A 10.3%	B 23.4	EU 19.6	インド 2.6 C 10.5	D 5.1	その他 28.5
2016 年 323 億 t	28.2%	15.0	9.9	6.4	4.5 3.5	32.5

(「世界国勢図会 2019/20 年版」より作成)

(4) （ ④ ）にあてはまる，地球温暖化の原因となるガスを何というか。漢字４字で答えよ。

[　　　　　　　ガス]

(5) 下線部⑤について，日本近海にもある新しいエネルギー資源として注目され，「燃える氷」ともよばれる物質を何というか。カタカナ９字で答えよ。　[　　　　　　　]

2 〈地球環境問題〉

次の各問いに答えなさい。

(1) オゾン層の破壊の原因となっている物質の名称を書け。　　　　　[　　　　　　　　　]

(2) 窒素酸化物や硫黄酸化物がもたらす環境破壊は何か。　　　　　　[　　　　　　　　　]

(3) 1997年に，気候変動枠組み条約が調印された都市はどこか。　　　[　　　　　　　　　]

(4) 核分裂反応を利用した発電法を何というか。　　　　　　　　　　[　　　　　　　　　]

(5) アマゾン川流域などで進んでいる環境破壊は何か。　　　　　　　[　　　　　　　　　]

(6) 再生資源を利用し，環境への負荷を少なくする社会を何というか。 [　　　　　　　　　]

3 〈ごみ問題〉

スーパーマーケットへ行って実際に買い物をするとき，ごみの発生をおさえるために何ができるかを考えて，右下のような具体的な目標を立てた。これについて次の各問いに答えなさい。

(1) ごみの発生をおさえるための目標を考えるとき，〔 3 〕にあてはまる内容を具体的に1つ書け。

[　　　　　　　　　　　　　　　　　　　　　　　　　　　　　　　　　　　　　]

(2) 大量消費・使い捨てを改め，再生利用の
リサイクル，再使用のリユースとともに，
ごみの量そのものを減らす必要がある。
このごみの量の抑制のことを何というか。
カタカナで書け。　　　　　[　　　　　　　　]

> ごみの発生をおさえるための私の目標
> 〜買い物をするときの3か条〜
> 〔 1 〕 使い捨ての商品は，できるだけ買わない。
> 〔 2 〕 本当に必要なものを，必要な量だけ買う。
> 〔 3 〕 [　　　　　　　　　　　　　　　]。

4 〈地球温暖化の防止〉

日本政府は，地球温暖化防止を目的の1つとして，燃費に関する基準を満たした自動車をエコカーとし，補助金や減税などの政策を行って，その普及を進めてきた。下の枠内の文は，燃費の良い自動車を普及させることが，地球温暖化防止につながる理由について説明している。文中の空欄に適する内容を，グラフから読み取れることをふくめて35字程度で書き入れ，文を完成させなさい。さらに，あとの設問に答えなさい。

[　　　　　　　　　　　　　　　　　　　　　　　　　　　　　　　　　　　　　]

> 　燃費の良い自動車を普及させることで，
> （　　　　　　　　　）から，地球温暖化防止に
> つながる。

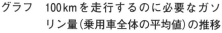

グラフ　100kmを走行するのに必要なガソリン量（乗用車全体の平均値）の推移

[設問]

太平洋上やインド洋上の島国では地球温暖化によって，国土が水没する恐れがでてきている。それはなぜか。簡潔に書け。

[　　　　　　　　　　　　　　　　　　　　]

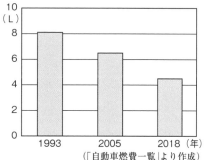

（「自動車燃費一覧」より作成）

⑮これからの地球社会と日本

重要ポイント

① 日本の平和主義と国際貢献

☐ **平和主義**…非核三原則＝核兵器を「持たず，つくらず，持ちこませず」。唯一の被曝国として核廃絶を訴える。

☐ **国際貢献**…技術援助をふくむ政府開発援助（ODA），温暖化への取り組み。持続可能な開発目標（SDGs）の達成に向けた取り組み。

② 日本の外交政策

☐ **近隣諸国との関係**

・**アメリカとの関係**…**日米安全保障条約**にもとづく同盟。２国間だけでなく，アジアをはじめとした世界の安定に影響。

・**アジア諸国との関係**…中国，韓国などの東アジアの国と相互依存の関係。近年では，東南アジア諸国との結びつきも強化。

・**課題**…北方領土問題や，朝鮮民主主義人民共和国との関係改善が課題（核兵器の開発やミサイルの発射，拉致問題など）。

③ 世界の多様性と平和への努力

☐ **世界の多様性**…キリスト教・仏教・イスラム教の三大宗教，民族・言語のちがいなど，世界の文化は多様。たがいに尊重しあい，対話により理解。世界遺産条約（1972年）にもとづく世界遺産の保護。

☐ **平和への努力**…核兵器の削減（核拡散防止条約など），地雷禁止など軍縮への努力。

④ 現代の国際社会

☐ **人間の安全保障**…平和と安全を実現するため，一人ひとりの人間の生命や人権を大切にするという考え方。これまでは**国家の安全保障**の考え方が中心であったが，グローバル化が進む中で生まれた。

☐ **異文化理解**…多様性を尊重しながら，異なる文化を十分に理解するように努める。他者とのちがいを受け入れ，民族や宗教のちがいを認めて協力し合うことが必要。

└ハラル認証マークは，イスラム教の法に従って調理していることの証明

テストでは
ココが
ねらわれる

●世界平和への日本の国際貢献について考えておこう。
●日本の近隣の国々との関係をまとめてこう。
●安全保障や異文化理解の取り組みを理解しておこう。

ポイント 一問一答

① 日本の平和主義と国際貢献

☐ (1)核兵器を「持たず，つくらず，持ちこませず」とする日本政府の方針を何というか。
☐ (2)ODAとは何の略称か。

② 日本の外交政策

☐ (1)日本とアメリカの間の同盟のもとになっている条約を何というか。
☐ (2)日本は，中国や韓国などの（　　）アジアの国と相互依存の関係にある。
☐ (3)朝鮮半島にあり，日本とはまだ正式な国交のない国家はどこか。正式名称で答えよ。
☐ (4)(3)の国との間で問題となっている，日本人が強制的に(3)の国に連れていかれた問題
　　を何というか。

③ 世界の多様性と平和への努力

☐ (1)UNESCOの選定により，人類が共有すべき遺産として保護される遺跡などを何と
　　いうか。
☐ (2)1968年，核保有国以外の国々が核兵器を持つことを禁じた（　　）条約が調印された。
☐ (3)地雷禁止など，兵器や人員を削減することを何というか。

④ 現代の国際社会

☐ (1)平和と安全の実現のために，一人ひとりの人間の生命や人権を大切にしようとする
　　考え方を何というか。
☐ (2)多様性を尊重し，他者とのちがいを受け入れることを何というか。

答
① (1) 非核三原則　(2) 政府開発援助
② (1) 日米安全保障条約　(2) 東　(3) 朝鮮民主主義人民共和国　(4) 拉致問題
③ (1) 世界遺産　(2) 核拡散防止　(3) 軍縮
④ (1) 人間の安全保障　(2) 異文化理解

基礎問題

▶答え　別冊p.20

1 〈外交政策〉
右の地図を見て，次の各問いに答えなさい。

(1) アジア州を細かく分けたとき，右の地図
は，どの地域に属するか。漢字で書け。

[　　　　　アジア]

(2) 次の説明にあてはまる国または地域を，
地図中の**ア～オ**から1つずつ選べ。

① [　　　] ② [　　　] ③ [　　　]

① 日本固有の領土である北方領土(ほっぽうりょうど)を，不
法に占拠(せんきょ)している。

② 島根県に属する日本固有の領土である
竹島(たけしま)を，不法に占拠している。

③ 日本と正式な国交は結んでいないが，
拉致(らち)問題など，日本との間で多くの問
題がある。

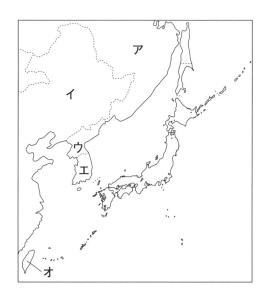

2 〈国際社会〉
**次の文は，ひろし君とお父さんの国際社会についての会話の一部である。これを読み，
あとの各問いに答えなさい。**

> ひろし：今日，学校でUNESCO(ユネスコ)について勉強したよ。UNESCOは，貴重な自然や
> 建物などを　①　として保護しているんだよね，
>
> 　父：そうだよ。日本では2019年に，百舌鳥(もず)・古市古墳群(ふるいちこふんぐん)が登録されたよね。
> UNESCOが他にどのようなことを行っているか，知っているかい？
>
> ひろし：「文化の多様性に関する世界宣言」も，UNESCOで採択(さいたく)されたと聞いたよ。
> 文化の多様性は「人類共通の遺産(いさん)」とされたんだよね。
>
> 　父：その通り。異なる文化をたがいに尊重し合うことが，　②　の安全保障の
> 考え方にもとづく平和や安全の実現に必要なことだよね。

(1) 文章中の空欄(らん)①に入る語句を書け。　　　　　　[　　　　　　　　]

(2) 文章中の空欄②に入る語句として最も適切なものを，次の**ア～エ**から1つ選べ。

[　　　]

ア 国家　　**イ** 生命　　**ウ** 人間　　**エ** 平和

3 〈国際社会と日本〉
次の国際社会と日本の年表を見て，あとの各問いに答えなさい。

年代	できごと
1945	国際連合が加盟国51か国で発足する。
1951	aサンフランシスコ平和条約が締結される。
1956	b日本の国際連合への加盟が認められ，国際社会に復帰する。
1958	日本が国際連合の非常任理事国に選出される。
1992	日本でcPKO協力法が成立する。
2011	南スーダンが国際連合に加盟し，加盟国が193か国になる。

(1) 下線部aについて，日本において，条約の締結を行う機関と条約の承認を行う機関を，次のア～ウから1つずつ選べ。　　条約の締結 [　　　]　条約の承認 [　　　]

　ア　最高裁判所　　　イ　国会　　　ウ　内閣

(2) 下線部bと最も関連のあるできごとを，次のア～エから1つ選べ。　　[　　　]

　ア　日ソ共同宣言が出される。　　　イ　日韓基本条約が結ばれる。

　ウ　沖縄が日本に復帰する。　　　エ　日中平和友好条約が結ばれる。

(3) 下線部cの説明として，最も適切なものを，次のア～エから1つ選べ。　[　　　]

　ア　賃金や労働時間など各国の労働者の権利を守り，生活水準の向上をはかる。

　イ　各国通貨の安定を図り，自由貿易を推進する。

　ウ　受け入れ国の同意のもと，停戦状態の監視や治安維持活動などを行う。

　エ　世界の人々の生活水準の向上，食料・農産物の生産および流通の改善を行う。

⚠️ミス注意 (4) 政府開発援助を示す略称を次のア～オから1つ選べ。　　　[　　　]

　ア　NGO　　　イ　NPO　　　ウ　ODA　　　エ　PKO　　　オ　OECD

4 〈国際社会での日本の役割〉
次の文を読み，空欄①～③にあてはまる語句を，あとのア～オから1つずつ選びなさい。

　日本は，世界で唯一の ① である。そのため，核兵器の廃絶を求める運動では，重要な役割を持っている。日本政府は核兵器について，「持たず，つくらず，持ちこませず」の ② をとっている。日本では毎年，原水爆の禁止を求める世界大会が開かれ，③ 宣言をする自治体も多い。　　　　① [　　　] ② [　　　] ③ [　　　]

　ア　非核自治体　　イ　平和自治体　　ウ　被爆国　　エ　中立国　　オ　非核三原則

💡ヒント

1 (1) 日本は，ユーラシア大陸の端に位置している。
3 (3) 日本の自衛隊も参加している。

1 〈国際社会の課題〉 🔑重要
次の文を読み，あとの各問いに答えなさい。

> 生徒：国際社会がかかえる問題としてはどのようなものがありますか。
> 先生：①核兵器や地域紛争をめぐる問題，②先進国と発展途上国との経済格差の問題，温暖化といった地球環境問題など，簡単には解決できない問題がたくさんあります。こうした中，1992年にブラジルの ┌A┐ で開催された国連環境開発会議では，③環境や資源を保全し，現在と将来のあらゆる人々の必要を満たすという考えのもと，┌A┐ 宣言と，その行動計画である「アジェンダ21」が採択されました。さらにその10年後には，南アフリカ最大の都市である ┌B┐ で，その考えにもとづく世界首脳会議が開催され，┌B┐ 宣言と，「┌B┐ 実施計画」が採択されました。
> 生徒：その考えは聞いたことがあります。私もできることから取り組んでいきたいと思います。

(1) 下線部①に関して，次の空欄 a ～ c に適する語句を書け。

「1968年に核(a)防止条約が結ばれ，1996年には国際連合総会において包括的(b)禁止条約が結ばれた。しかし，1998年には(c)とパキスタンが(b)を強行した。」

a[　　　　　] b[　　　　　] c[　　　　　]

⚠ミス注意 (2) 下線部②に関して，このような問題を何というか。また，先進国の政府が財政資金を使って発展途上国に対して行う資金・技術の援助や協力の略称として最も適するものを，次のア～エから1つずつ選べ。　　　　問題[　　　　　] 略称[　　　]

ア　ODA　　　イ　NPO　　　ウ　WHO　　　エ　PKO

(3) 下線部③の考え方を表すものを，次のア～エから1つ選べ。　　　　[　　　]

ア　クーリングオフ　　イ　高度経済成長　　ウ　独占　　エ　持続可能な開発

(4) 文中の空欄にあてはまる都市名を書け。A[　　　　　] B[　　　　　]

2 〈文化の多様性〉
次の各問いに答えなさい。

(1) 世界遺産条約の採択を提案した，国際連合の機関の名称を書け。　[　　　　　]

(2) 右のようなマークのあるレストランには，どのような特徴があるか。簡潔に書け。

[　　　　　　　　　　　　　　]

3 〈日本の国際貢献〉
次の地図を見て，あとの各問いに答えなさい。

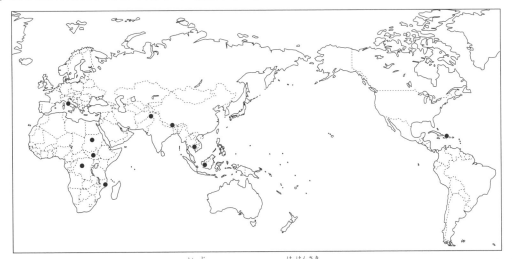

(1) 地図中の•は，日本の国連平和維持活動のおもな派遣先（はけんさき）を示している(2018年まで)。国連平和維持活動の略称を，アルファベット3字で書け。　　　　　　　　[　　　　　　　]

(2) 国連平和維持活動の目的は何か。地図中の国連平和維持活動の派遣先の地域に注目して，「支援（しえん）」の語句を用いて簡潔に書け。

[　　　　　　　　　　　　　　　　　　　　　　　　　　　　　　　　　　]

4 〈日本の外交〉
次の各問いに答えなさい。

(1) 韓国との間で領土問題となっている島の名称（めいしょう）を書け。　　　[　　　　　　　]

(2) 朝鮮民主主義人民共和国と日本の間で問題となっていることとして適切でないものを，次のア〜エから1つ選べ。　　　　　　　　　　　　　　　　　　[　　　　　]

ア　ミサイルの発射　　　イ　拉致（らち）問題　　　ウ　核兵器の保有　　　エ　紛争（ふんそう）の長期化

(3) 次のグラフは，日本と中国，日本と韓国の関係についての世論調査の結果である。2つのグラフから読み取れることを，簡潔に書け。

グラフⅠ　現在の日本との関係をどう思うか

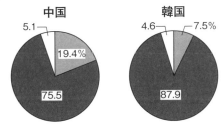

グラフⅡ　今後の関係の発展をどう思うか

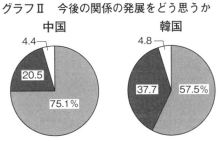

■良好だと思う　■良好だと思わない　□その他

■重要だと思う　■重要だと思わない　□その他
（内閣府「令和元年度　世論調査」より作成）

[　　　　　　　　　　　　　　　　　　　　　　　　　　　　　　　　　　]

実力アップ問題

1 次の各問いに答えなさい。　〈8点×3〉

(1) 右の地図の**A**は，日本の北端の島をふくむ4つの島々を示している。4つの島々にふくまれない島を，次の**ア~エ**から1つ選べ。

　　ア　色丹島（しこたんとう）　　**イ**　国後島（くなしりとう）
　　ウ　与那国島（よなぐにじま）　　**エ**　択捉島（えとろふとう）

(2) 地図中の [ ] の面積は約447万km^{2}である。これは，日本の国土面積の約何倍か，次の**ア~エ**から1つ選べ。

　　ア　約7倍　　　　**イ**　約12倍
　　ウ　約16倍　　　**エ**　約20倍

(3) 1987年から護岸工事が開始された，地図中の**B**の島を何というか。

(1)		(2)		(3)	

---

2 次の各問いに答えなさい。　〈8点×4〉

(1) 右の地図は，どの国や地域で栄養が不足しているかを示したハンガーマップである。これを見て，栄養不足人口が最も多い地域を次の**ア~エ**から1つ選べ。

　　ア　ヨーロッパ州
　　イ　アジア州
　　ウ　オセアニア州　　**エ**　アフリカ州

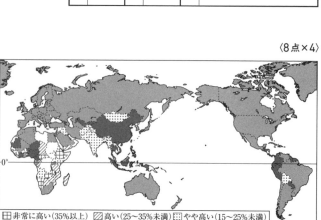

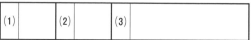
田非常に高い(35%以上)　高い(25~35%未満)　やや高い(15~25%未満)
やや低い(5~15%未満)　低い(5%未満)　□資料なし

(2) 次の文中の（①）にあてはまる語句をアルファベット5字で，（②）にあてはまる語句を漢字4字で書け。

発展途上国（とじょうこく）では，著（いちじる）しい経済発展をとげたブラジルや中国などの（①）や産油国が発展する一方で，アフリカ南部を中心に最貧国も多く，その経済格差は（②）とよばれている。

(3) 発展途上国の自立に向けて，発展途上国で生産された農産物や製品を公正な価格で取り引きし，購入することで生産者を支えるしくみを何というか。

(1)		(2) ①		②		(3)	

3 次の各問いに答えなさい。　〈8点×4〉

(1) 第二次世界大戦後におこった，冷戦(冷たい戦争)では，2つの大国が資本主義の西側と共産主義の東側に分かれて争った。この2国をそれぞれ書け。

(2) 地域紛争などによって住む場所を追われた難民について，次の問いに答えよ。

① 難民支援を行う国連の機関として最も適当なのはどれか，次のア〜エから1つ選べ。

　　ア　UNHCR　　　イ　UNICEF　　　ウ　UNESCO　　　エ　WHO

② 右の資料は，2019年における難民の発生が多かった国上位5か国と，その人数を示している。この資料から読み取れることを述べた文として適切なものを，次のア〜エから1つ選べ。

発生国	難民(千人)
シリア	6,654
アフガニスタン	2,681
南スーダン	2,285
ミャンマー	1,145
ソマリア	950

(「世界国勢図会 2019/20年版」より作成)

　　ア　難民が最も多いのはアフリカ州の国である。

　　イ　5か国のうち，1か国はヨーロッパ州に属する。

　　ウ　5か国のうち，3か国はアジア州に属する。

　　エ　5か国に，アフリカ州の国はふくまれていない。

(1)	東		西	
(2)	①	②		

4 右のグラフは，おもな先進国の政府開発援助(ODA)額とその国民総所得(GNI)に占める割合を示している。グラフから読み取れることとして最も適当なものを，次のア〜エから1つ選びなさい。　〈12点〉

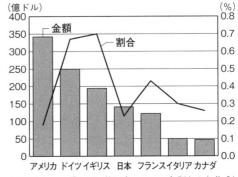

(2018年)　(「世界国勢図会 2019/20年版」より作成)

ア　援助額が最も多いのはアメリカで，国民総所得(GNI)に占める割合が最も高いのはドイツである。

イ　カナダは，どちらの数値もグラフ中で最も低い。

ウ　日本の援助額は100億ドルを上回っているが，割合は0.3%を下回っている。

エ　イギリスの援助額は，アメリカの3分の1以下である。

第1回 模擬テスト

◎制限時間50分
◎合格点70点
▶答え　別冊p.22

点

1 右の地図を見て，次の各問いに答えなさい。

(山形県・改)《(1)〜(3)①3点×3，(3)②5点》

(1) 地図中の①〜④の緯線のうち，南緯
15度の緯線にあたるものはどれか，
①〜④から1つ選べ。

(2) 地図中の**A**国と**B**国について，**A**国
の西側にはアンデス山脈があり，**B**
国の西側にはロッキー山脈がある。
アンデス山脈やロッキー山脈，日本
列島をふくむ造山帯を何というか，
書け。

(3) 地図中の**D**国について，次の問いに
答えよ。

① 地図中に▨▨▨で示した国々は，東南アジア地域の安定と発展を求めて1967年に設立さ
れた組織に加盟している。地図中に▨▨▨で示した国々が加盟するこの組織を何という
か，その略称を，アルファベット5文字で書け。

② 次の**資料**は1980年と2018年における**D**国のおもな輸出品の割合と輸出総額を表している。
下の文は，**資料**から考えられることをまとめたものである。　**X**　にあてはまる言葉を，
「工業化」という言葉を用いて書け。

資料

輸出品	（1980年）%
原油	23.8
天然ゴム	16.4
木材	14.1
その他	45.7
輸出総額　129億ドル	

輸出品	（2018年）%
機械類	42.2
石油製品	7.3
液化天然ガス	4.0
その他	46.5
輸出総額　2,473億ドル	

（「日本国勢図会2020/21年版」などによる）

> 2018年の輸出総額は，1980年の輸出総額に比べて，約19倍になっている。おもな輸出品を見ると，
> 1980年の輸出品の上位は，原油や天然ゴムであったが，2018年の輸出品の上位は，　**X**　と考え
> られる。

(1)		(2)		(3)	①	

(3)	②	

2 右の地図を見て，次の各問いに答えなさい。

(愛媛県)〈(1)・(2)・(4)3点×4，(3)5点〉

(1) 地図中の➡印で示した海流は，暖流であり，黒潮<ruby>黒潮<rt>くろしお</rt></ruby>ともよばれる。**X**にあてはまる海流の名を答えよ。

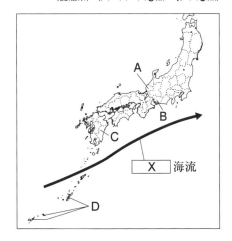

(単位：%)

	第1次産業	第2次産業	第3次産業
a	2.1	32.7	65.3
b	3.5	31.4	65.1
c	4.0	15.4	80.7
d	10.4	21.1	68.6

＊四捨五入の関係で，合計は100％にならない。
(「日本国勢図会2020/21年版」による)

(2) 上の表は，2017年における，地図中の**A**～**D**のそれぞれの県の，産業別の就業者数の割合を表したものであり，表中の**a**～**d**は，それぞれ**A**～**D**のいずれかにあたる。**c**にあたる県を**A**～**D**から1つ選び，その記号と県名を書け。

(3) 排他的経済水域<ruby>排他的経済水域<rt>はいたてき</rt></ruby>とは，沿岸の国が水産資源や鉱産資源を管理する権利を持つ水域のことである。排他的経済水域にあたる範囲<ruby>範囲<rt>はんい</rt></ruby>を，領海<ruby>領海<rt>りょうかい</rt></ruby>・海岸・200海里<ruby>海里<rt>かいり</rt></ruby>の3つの言葉を使い，解答欄<ruby>欄<rt>らん</rt></ruby>の文末に合わせて簡単に書け。

(4) 右の**Y**，**Z**のグラフは，それぞれ，2018年における日本の，海上輸送，航空輸送のいずれかによる，品目別の輸出額の割合を表したものである。また，グラフ中の**e**，**f**は，それぞれ鉄鋼，半導体等電子部品のいずれかにあたる。海上輸送による品目別の輸出額の割合を表したグラフにあたる記号と，半導体等電子部品にあたる記号の組み合わせとして適当なものを，次の**ア**～**エ**から1つ選べ。

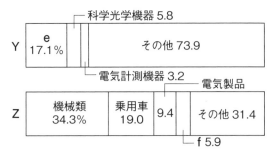

(「日本国勢図会2020/21年版」などによる)

ア　Yとe　　**イ　Yとf**　　**ウ　Zとe**　　**エ　Zとf**

(1)			海流	
(2)	記号	県名	県	
(3)			範囲。	(4)

次の年表を見て，あとの各問いに答えなさい。　　　　　　　　　　　　　　　（静岡県・改）

〈(1)〜(3)①・(4)・(5)①・(6)・(7)3点×8，(3)②・(5)②6点×2〉

時代	飛鳥	奈良	平安	鎌倉	室町	安土桃山	江戸	明治	大正	昭和	平成
日本のできごと	a 律令国家が成立する	荘園ができ始める	b 国風文化がさかえる	御成敗式目が定められる	c 勘合貿易が始まる	d 安土城が築かれる	e 享保の改革が始まる	f 大日本帝国憲法が発布される	第一次世界大戦に参戦する	g サンフランシスコ平和条約が調印される	京都議定書が採択される

(1) 傍線部 a では，公地・公民の方針のもと，人々は，戸籍に登録され，班田収授法によって口分田を与えられ，口分田を与えられた人々には，与えられた口分田の面積に応じて，税が課せられた。その税の名称を，次のア〜エから1つ選べ。

　　ア　租　　イ　調　　ウ　庸　　エ　雑徭

(2) 傍線部 b のころ，阿弥陀如来にすがれば，死後に極楽へ生まれ変わることができるという信仰（教え）が広まっていた。この信仰（教え）は何とよばれるか，書け。

(3) 資料は，傍線部 c の開始前に，明の皇帝が，日本に送った文書の一部を要約したものである。このことに関する①・②の問いに答えよ。

資料

> 私が即位してから，多くの周辺諸国の王があいさつにきた。大義に背くものでなければ，礼をもって対応しようと思う。今ここに日本国王の源道義が，貢ぎ物をおくってきた。たいへんうれしく思う。
>
> （「善隣国宝記」より，一部を要約）

　① 資料の下線部にあたる人物を，次のア〜エから1つ選べ。

　　ア　平清盛　　イ　北条時宗　　ウ　後醍醐天皇　　エ　足利義満

　② 傍線部 c は，日本と明の外交関係が変化したことによって始まった。日本と明の外交関係はどのように変化したか。資料から読み取れる，外交関係が変化するきっかけとなった日本の行動がわかるように，簡単に書け。

(4) 織田信長は，傍線部 d の城下町に対して，同業者の団体の廃止を命じるなど，商工業の発展をうながす政策を行った。織田信長が，傍線部 d の城下町に対して行った，商工業の発展をうながす政策は何とよばれるか，書け。

(5) **グラフ**は，18世紀における，幕府領の，石高と年貢収納高の推移を示している。このことに関する①・②の問いに答えよ。

① 傍線部 e が行われた期間に，幕府領の石高は大きく変化した。この変化に影響を与えた政策として最も適切なものを，次のア～エから1つ選べ。

ア 倹約令（けんやくれい）の徹底　　イ 株仲間（かぶなかま）の公認
ウ 新田開発の奨励　　エ 目安箱（めやすばこ）の設置

グラフ

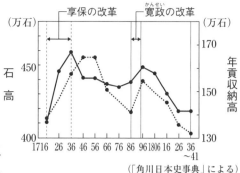

（「角川日本史事典」による）

② 寛政の改革では，農村を復興させることで財政を立て直そうとした。**グラフ**から考えられる，農村を復興させることで財政を立て直すことができる理由を，1780年代におこった，財政が悪化する原因となった現象に関連づけて，簡単に書け。

(6) 傍線部 f に関する①・②の問いに答えよ。

① 次のア～ウは，傍線部 f の発布以前におこったできごとについて述べた文である。ア～ウを時代の古い順に並べ，記号で答えよ。

ア 征韓論（せいかんろん）をめぐる対立により，西郷隆盛（さいごうたかもり）が政府を退いた。
イ 国会開設に備えて，板垣退助（いたがきたいすけ）を党首とする自由党が結成された。
ウ 岩倉具視（いわくらともみ）を大使とする政府の使節団が，欧米（おうべい）諸国に派遣（はけん）された。

② 吉野作造（よしのさくぞう）は，ある考えを唱え，傍線部 f のもとで，民意に基づいた政治を行うことが可能であると説いた。吉野作造が唱えたある考えは何とよばれるか，書け。

(7) 傍線部 g の条約で調印された内容として最も適切なものを，次のア～エから1つ選べ。

（福岡県）

ア 日本とソ連の国交回復　　イ 沖縄の日本への復帰
ウ 日本の独立の回復　　エ 日本と中国との国交正常化

(1)		(2)		(3)	①	
(3)	②					
(4)			(5)	①		
(5)	②					
(6)	① 　　→　　→		②		(7)	

4 次の表を見て，あとの各問いに答えなさい。

(岐阜県・改)〈(1)〜(4)3点×4，(5)5点〉

基本的人権の尊重	生存権を保証していくためには，①老齢年金や介護保険などの社会保障制度を整えることが必要である。
裁判所の役割	②最高裁判所は，高等裁判所から上告された事件を扱い，三審制で最後の段階の裁判を行う。
地方自治のしくみ	地方議会は，地方公共団体独自の法である　a　を定めたり，地方公共団体の予算を議決したりする。
消費者の保護	1968年に消費者保護基本法が制定されたことを受けて，③消費者を保護するためのしくみが整えられた。
日本銀行の役割	日本銀行は，④一般の銀行を通じて，景気の安定化をはかるための金融政策を行っている。

(1) 下線部①について，老齢年金の給付は，社会保障制度の中でどの種類にあてはまるか。ア〜エから1つ選べ。

ア　公的扶助　　　イ　社会福祉　　　ウ　社会保険　　　エ　公衆衛生

(2) 下線部②について，衆議院議員の選挙(総選挙)の際に，最高裁判所の裁判官が適任かどうかを国民が投票する制度の名を書け。

(3) 　a　にあてはまる言葉を，漢字で答えよ。

(4) 下線部③について，次の文の　X　，　Y　にあてはまる言葉の正しい組み合わせを，あとのア〜エから1つ選べ。

> 訪問販売や電話勧誘などで商品を購入した場合に，購入後　X　日以内であれば，消費者側から　Y　で契約を解除できる。

ア　X＝8　　Y＝条件付き　　　　イ　X＝8　　Y＝無条件

ウ　X＝10　Y＝条件付き　　　　エ　X＝10　Y＝無条件

(5) 下線部④について，次の文の　Z　にあてはまることがらを，「貸し出し」「預け入れ」という2つの言葉を用いて，簡潔に書け。

> 一般の銀行は，家計や企業などに対する資金の貸し出しや，家計や企業などからの資金の預け入れを行っている。その際，一般の銀行は，資金の　Z　の利子率を高くすることで，利益を得ている。

(1)		(2)		(3)	
(4)		(5)			

5 次の年表を見て，あとの各問いに答えなさい。

（広島県・改）〈4点×4〉

年	国際連合にかかわるおもなできごと
1945（昭和20）	国際連合が設立される。
1946（昭和21）	a総会で国際連合の本部をアメリカに置くことが決定される。
1950（昭和25）	朝鮮戦争が始まり，b安全保障理事会の決議に基づき国連軍が派遣される
1965（昭和40）	ユニセフ（国連児童基金，UNICEF）がノーベル平和賞を受賞する。
1968（昭和43）	総会で核拡散防止条約が採択される。
1972（昭和47）	◻A◻ で世界遺産条約が採択される。
1996（平成8）	国連食糧農業機関（FAO）主催の世界食糧サミットが開催される。
2015（平成27）	国連サミットで持続可能な開発目標が採択される。

(1) 下線部aに関する①・②の問いに答えよ。

　① 総会は，国際連合の中心的な審議機関である。次のア～エのうち，総会のしくみとして適切なものをすべて選べ。

　　ア　すべての加盟国で構成される。　　イ　常任理事国と非常任理事国で構成される。

　　ウ　一国が一票の投票権を持つ。　　エ　一国でも反対すると決定できない。

　② 次の文は，総会で採択されたある宣言の一部を示している。この宣言の名称を書け。

> 第1条　すべての人間は，生れながらにして自由であり，かつ，尊厳と権利とについて平等である。人間は，理性と良心とを授けられており，互いに同胞の精神をもって行動しなければならない。

(2) 年表中の ◻A◻ には，世界の貴重な文化財や自然を人類共通の遺産と位置付け，その保護をはかる活動などを行う国際連合の専門機関があてはまる。この専門機関の名称を書け。

(3) 下線部bについて，花子さんは国際連合の中で強い権限を持つ安全保障理事会の活動の目的について調べ，次のようにまとめた。花子さんのまとめはどのようなものだと考えられるか。
　◻B◻ にあてはまるように，適切な内容を書け。

> 花子さんのまとめ
> 　安全保障理事会は，侵略など平和を脅かす行動をとる国に対して経済制裁や軍事行動などの強制的な措置を決定し，その決定に従うよう加盟国に要求することができる。これは，◻B◻ ことを目的としているためである。

(1)	①		②		
(2)					
(3)					

第2回 模擬テスト

◎制限時間50分
◎合格点70点
▶答え 別冊p.23

点

1 次の地図を見て，あとの各問いに答えなさい。

（熊本県・改）〈4点×3〉

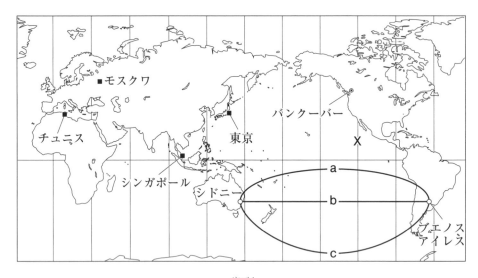

(1) 地図中に⊙で示したバンクーバーは，**X**の経線_{けいせん}で標準時を定めている。日本が1月1日午後6時のときのバンクーバーの日時を，次の**ア～エ**から1つ選べ。

　ア 1月1日午前1時　　**イ** 1月1日午前11時

　ウ 1月2日午前1時　　**エ** 1月2日午前11時

(2) 地図中に〇で示したシドニーとブエノスアイレスの距離_{きょり}を地球儀_{ちきゅうぎ}を使って調べるため，目もりをつけた紙テープを地球儀上の2つの都市間にあてて，距離が最も短くなる経路で測った。このときの経路として適切なものを，地図中の**a～c**から1つ選べ。

(3) **資料**中の**ア～エ**は，地図中に■で示した東京，シンガポール，モスクワ，チュニスのいずれかの都市について，月平均気温が最も低い月の降水量を〇印で，月平均気温が最も高い月の降水量を●印で表し，線で結んだものである。モスクワとチュニスにあたるものを，**資料**中の**ア～エ**から1つずつ選べ。

資料

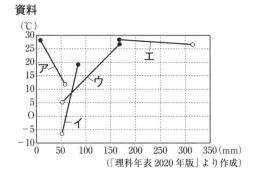

（「理科年表2020年版」より作成）

(1)		(2)		(3) モスクワ		チュニス	

2 右の地図を見て，次の各問いに答えなさい。

（新潟県・改）〈(1)・(2)4点×2，(3)7点〉

(1) 次の**表 I** は，地図中の気象観測地点である福井，
松本，名古屋の1月と8月の気温と降水量の月別
平年値を示したものであり，表中の**A〜C**は，こ
れらの3つの地点のいずれかである。**A〜C**にあ
てはまる地点の組み合わせとして，正しいものを，
下の**ア〜カ**から1つ選べ。

表 I

	気温(℃)		降水量(mm)	
	1月	8月	1月	8月
A	4.5	27.8	48.4	126.3
B	−0.4	24.7	35.9	92.1
C	3.0	27.2	284.8	127.6

（「データでみる県勢2020年版」より作成）

ア A＝福井　B＝松本　C＝名古屋　　**イ** A＝福井　B＝名古屋　C＝松本
ウ A＝松本　B＝福井　C＝名古屋　　**エ** A＝松本　B＝名古屋　C＝福井
オ A＝名古屋　B＝福井　C＝松本　　**カ** A＝名古屋　B＝松本　C＝福井

(2) 右の**表 II** は，茨城県，岐
阜県，静岡県，山梨県の，
それぞれの県の山地面積，
果実産出額，野菜産出額，
製造品出荷額等を示した
ものであり，表中の**ア〜
エ**は，これらの4つの県
のいずれかである。この

表 II

	山地面積（km²）	果実産出額（億円）	野菜産出額（億円）	製造品出荷額等（億円）
ア	1,444	133	2,071	123,377
イ	5,650	302	727	169,119
ウ	3,820	595	128	25,564
エ	8,258	50	349	57,062

（「データでみる県勢2020年版」より作成）

うち，茨城県にあてはまるものを，表中の**ア〜エ**から1つ選べ。

(3) 右の**グラフ**は，平成31年,令和元年の東
京都中央卸売市場におけるキャベツの出
荷量上位3県の，月別出荷量を示したも
のである。この**グラフ**から読み取ること
ができる，群馬県のキャベツの出荷の特
徴を，他の2つの県と比較し，「気候」と
いう語句を用いて簡単に書け。

グラフ

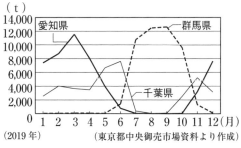

（2019年）　（東京都中央卸売市場資料より作成）

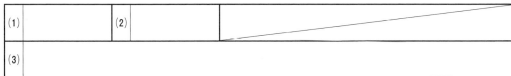

(1)		(2)	
(3)			

3 木村さんは，歴史について調べたことを次の表にまとめた。表を見て，あとの各問いに答えなさい。

（山梨県・改）〈5点×5〉

時代	興味をもったことがら	関連する内容
①奈良	平城京出土木簡	甲斐国からのクルミの荷札とされる木簡が出土した。
平安	ケカチ遺跡（甲州市）	かなで和歌が刻まれた土器が出土した。
鎌倉	身延山久遠寺（身延町）	②仏教の宗派の1つである日蓮宗の総本山である。
室町	清白寺仏殿（山梨市）	山梨県に2つしかない国宝の建造物の1つである。
安土・桃山	武田勝頼之墓（甲州市）	1575年，武田軍が③長篠の戦いで敗れた。
江戸	④甲州街道（甲州道中）	甲斐国の交通・⑤経済の発展に重要な役割を担った。

(1) 下線部①について，この時代に平城京を中心に栄えた文化の名前を書け。

(2) 下線部②に関連して，日本の仏教にかかわるできごとについて述べた次のア〜エの文を，年代の古い順に並べかえよ。

ア 仏教の教えで国家を守るという考えから，各地に国分寺や国分尼寺が建てられた。

イ 極楽浄土への強いあこがれから，平等院鳳凰堂などの阿弥陀堂がつくられた。

ウ 座禅による修行で悟りを開こうとする禅宗が伝えられ，幕府によって保護された。

エ 権威を示す象徴であった古墳にかわり寺院が重視され，法隆寺などが建立された。

(3) 下線部③に関連して，この戦いより前におきたできごとを，次のア〜エから1つ選べ。

ア 太閤検地が始まる。　　　　**イ** 武家諸法度が制定される。

ウ 加賀の一向一揆が始まる。　**エ** 本能寺の変がおこる。

(4) 下線部④について，江戸時代に五街道に沿って「将軍のおひざもと」とよばれた都市から甲州街道を使い信濃国（長野県）を通って「天下の台所」とよばれた都市に向けて旅をするときに，甲州街道の次に通る街道を，次のア〜エから1つ選べ。

ア 東海道　　**イ** 中山道　　**ウ** 奥州街道（奥州道中）　　**エ** 日光街道（日光道中）

(5) 下線部⑤に関連して，江戸時代の経済について述べた文として誤っているものを，次のア〜エからすべて選べ。

ア 将軍は，明から日本国王に任命され，朝貢形式による日明貿易を始めた。

イ 都市では，米を買い占める商人に対して，貧しい人々が打ちこわしで抗議した。

ウ 農家が問屋から原材料や機械を借りて，工場制手工業による商品づくりを始めた。

エ 豊かな農民の中には，貧しい農民の土地を集めて地主になる者が現れた。

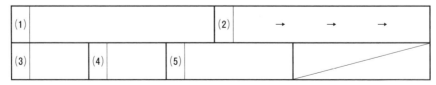

4 次の資料は，日本に関するできごとを年代の古い順に上から並べたものである。これを読み，あとの各問いに答えなさい。

（愛媛県・改）〈(1)・(3)～(5)4点×4，(2)6点〉

> ・幕府が，①日米和親条約を結んだ。
> ・新政府が，②地租改正を行った。
> ・各地の自由民権運動の代表者が集まり，　③　が結成された。
> ・④足尾銅山の鉱毒による被害が拡大する中，政府は鉱毒の流出を防止する命令を出した。
> ・サラエボでおこった事件をきっかけに，⑤第一次世界大戦が始まった。
> ・奉天の郊外で，柳条湖事件がおこった。

(1) 下線部①が結ばれた年から版籍奉還が行われた年までの期間におこった，次のア～エのできごとを年代の古い順に並べかえよ。

　　ア　新政府軍と旧幕府軍との間で，鳥羽・伏見の戦いがおこった。
　　イ　坂本龍馬らの仲介で，薩長同盟が結ばれた。
　　ウ　尊王攘夷運動が高まる中，桜田門外の変がおこった。
　　エ　イギリスと薩摩藩との間で，薩英戦争がおこった。

(2) 下線部②により，税制度は，それまでの年貢を中心とするものから，地租を中心とするものに変わった。地租の課税方法と納入方法を，「3％」と「現金」の2つの言葉を用いて簡単に書け。

(3) 空欄③には，1880年に大阪で結成され，国会の開設を政府に強く求めた組織の名称があてはまる。③にあてはまる組織の名称を書け。

(4) 衆議院議員として下線部④の解決に取り組み，議員辞職後も力を尽くした人物の名前を答えよ。

(5) 右の図は，下線部⑤が始まる直前の国際関係を模式的に表したものである。図中のX，Yにそれぞれあてはまる国の名の組み合わせとして最も適切なものを，次のア～エから1つ選べ。

　　ア　X＝ロシア　　　Y＝オーストリア
　　イ　X＝ロシア　　　Y＝日本
　　ウ　X＝アメリカ　　Y＝オーストリア
　　エ　X＝アメリカ　　Y＝日本

図
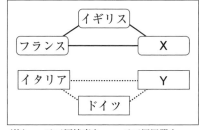
(注)　──は三国協商を，……は三国同盟を，それぞれ表している。

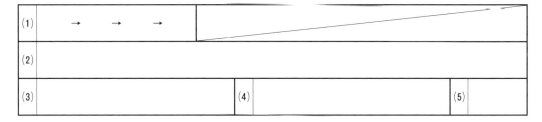

(1)	→　　　　→　　　　→			
(2)				
(3)		(4)		(5)

5 次の各問いに答えなさい。

（三重県・改）〈(1)～(5)4点×5，(6)6点〉

(1) 地方財政のしくみについて，地方交付税交付金を説明した文はどれか，次の**ア～エ**から1つ選べ。

ア　住民税など，地方公共団体が徴収するお金である。

イ　義務教育や公共事業など特定の費用の一部について国が負担するお金である。

ウ　住民などから資金を集める地方公共団体の借金である。

エ　地方公共団体間の財政格差をおさえるために国から配分されるお金である。

(2) 国会と内閣の関係について，**資料Ⅰ**に示したような，内閣が国会の信任に基づき，国会に対して連帯して責任を負うしくみの名称を答えよ。

資料Ⅰ

・内閣総理大臣は国会議員の中から，国会によって指名される。

・内閣総理大臣は国務大臣を指名するが，その過半数は国会議員でなければならない。

・衆議院は内閣を信頼できなければ，内閣不信任の決議を行うことができる。

・内閣不信任の決議が可決されると，内閣は10日以内に衆議院の解散をするか，総辞職しなければならない。

(3) 社会保障のしくみについて，**資料Ⅱ**は，社会保障の種類とその内容をまとめたものの一部である。**資料Ⅱ**の**X～Z**にあてはまる社会保障の種類の組み合わせはどれか，あとの**ア～エ**から1つ選べ。

資料Ⅱ

社会保障の種類	社会保障の内容
社会福祉	自立することが困難な人々に対して，生活の保障や支援を行う。
X	最低限度の生活を送ることができない人々に対して，生活費などを支給する。
Y	加入者や事業主がかけ金を積み立てておき，病気など必要が生じたとき給付を受ける。
Z	国民の健康の保持・増進を目的に，感染症の予防や下水道の整備などを行う。

ア　X＝社会保険　　Y＝公衆衛生　　Z＝公的扶助

イ　X＝社会保険　　Y＝公的扶助　　Z＝公衆衛生

ウ　X＝公的扶助　　Y＝公衆衛生　　Z＝社会保険

エ　X＝公的扶助　　Y＝社会保険　　Z＝公衆衛生

(4) 人権と共生社会について，**資料Ⅲ**は，日本国憲法第12条の一部である。社会全体の共通の利益を意味する，**資料Ⅲ**の ［ Ⅰ ］ にあてはまる言葉を書け。

資料Ⅲ

> この憲法が国民に保障する自由及び権利は，国民の不断の努力によって，これを保持しなければならない。又，国民は，これを濫用してはならないのであって，常に ［ Ⅰ ］ のためにこれを利用する責任を負ふ。

(5) 景気の動きとその対策について，**資料Ⅳ**は，日本経済が不景気のときに，政府と日本銀行が行う政策についてまとめたものの一部である。**資料Ⅳ**の あ，い にあてはまる言葉の組み合わせはどれか，次の**ア～エ**から1つ選べ。

資料Ⅳ

- 政府は，税率を引き あ
- 日本銀行は，市場に出回る通貨量を い

ア あ＝上げる い＝増やす 　**イ** あ＝上げる い＝減らす

ウ あ＝下げる い＝増やす 　**エ** あ＝下げる い＝減らす

(6) グローバル化する経済について，ゆいかさんは，日本では近年，海外からの旅行客が増え，日本経済に好影響を与えていることを知り，いくつかの資料を集めた。**資料Ⅴ**，**資料Ⅵ**，**資料Ⅶ**，**資料Ⅷ**はその一部である。海外からの旅行客が増えたことで，旅行消費額＊が増えたことの他に，日本経済に好影響を与えている要因は何か，その1つとして考えられることを，**資料Ⅶ**，**資料Ⅷ**から読み取れることをもとにして簡単に書け。＊旅行により日本国内に支払われた金額

資料Ⅴ 訪日外国人旅行者数と訪日外国人旅行消費額の推移

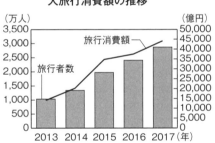

資料Ⅵ 訪日外国人旅行者の内訳（2017年）

資料Ⅶ 中国におけるインターネット取引による日本からの商品購入額の推移

（億円）

資料Ⅷ 中国におけるインターネット取引で日本の商品を購入する理由（2017年）

中国内では販売されていない製品だから	44.4%
日本に旅行したときに購入して気に入った製品だから	40.4%
価格が安いから	30.1%
注文して商品が届くまでの時間が短いから	29.8%

（**資料Ⅴ～資料Ⅷ**は，観光庁「観光白書」などより作成）

(1)		(2)			
(3)		(4)		(5)	
(6)					

②

119

□ 編集協力　㈱プラウ21(山口洋平)　岩﨑伸亮　小南路子

□ 本文デザイン　小川純(オガワデザイン)　南彩乃(細山田デザイン事務所)

□ 図版作成　㈱プラウ 21　AD WELL ART　田中雅信

□ 写真提供　アート・エフ　国土交通省　時事通信フォト　gandhi　PIXTA

□ イラスト　ふるはしひろみ

シグマベスト
**実力アップ問題集
中学公民**

本書の内容を無断で複写(コピー)・複製・転載することを禁じます。また，私的使用であっても，第三者に依頼して電子的に複製すること(スキャンやデジタル化等)は，著作権法上，認められていません。

編　者	文英堂編集部
発行者	益井英郎
印刷所	岩岡印刷株式会社
発行所	株式会社文英堂

〒601-8121　京都市南区上鳥羽大物町28
〒162-0832　東京都新宿区岩戸町17
(代表)03-3269-4231

Σ BEST シグマベスト

実力アップ問題集

EXERCISE BOOK | SOCIAL STUDIES

解答・解説

中学公民

文英堂

1章 私たちの暮らしと現代社会

❶ 私たちが生きる現代社会

1 (1) ① エ ② ウ ③ ア
(2) グローバル化 (3) 多文化共生 (4) ウ

解説 (1) 通信技術や交通の発達により，モノや人，情報などが国境をこえて移動する時代になっている。**インターネット**の影響は大きい。また，現代は**国際競争と国際分業**の時代でもある。
(2) **グローバル化**により，生活は便利になった反面，核問題や感染症の世界的流行など，各国が協力しないと解決しないことも増えてきている。
(3) いろいろな文化をもった人々がともに生きることを**多文化共生**という。ちがいを理解するとともに，その国の独自の文化を尊重する必要がある。
(4) 正月やひな祭りなども**年中行事**である。歌舞伎と能は日本の**伝統文化**。海開きは**生活文化**である。

2 (1) 社会的 (2) 効率 (3) 公正
(4) 少数意見の尊重

解説 (1) 人間は，家族や学校などの**社会集団**に属し，その一員として協力していかなければ生きていくことができない**社会的存在**であるといわれる。
(2) **効率**とは，みんなの時間やお金，労力などを有効に使うためにむだをはぶくという意味で，みんなが納得するために重要な観点である。
(3) 手続きを公平に行うことと，機会を公平に与えることで，特定の人が不当な扱いを受けることがないようにするのが，**公正**の考え方である。
(4) **多数決**は，より多くの人が賛成する意見を採用するという決定の方法。その際には，十分な話しあいと，**少数意見の尊重**が大切である。

3 (1) 情報 (2) ＩＴ
(3) 少子高齢 (4) ウ

解説 (2) ITとはInformation Technologyの頭文字をとったもの。インターネットの普及など情報通信技術の著しい発展が社会のしくみを大きく変えたので，IT革命とよばれるようになった。
(4) **ア**と**エ**は少子化の要因，**イ**は高齢者が増えてい

ることの要因。**ウ**は現代社会の特色の１つであるが，少子高齢化とは直接の関係はない。

4 (1) A…イ B…ア C…エ
(2) イ (3) 核家族

解説 (1) 家庭は，**家計の単位**，次世代の育成，人間形成の場，保護と扶養などの意味合いや役割を持つが，何よりも休息の場であるといえる。
(2) **男女共同参画社会基本法**は，男性と女性とが対等な立場で活動できる社会をつくることを目的として制定された。**男女共同参画社会**の実現が21世紀の最重要課題の１つとされている。
(3) 夫婦と独身の子のみ（夫婦のみ，母親または父親と独身の子のみ）で構成される家族が，**核家族**である。大家族（祖父母，父母，子の３世代が同居しているなど）が多かった時代もあるが，近年では，核家族と単独世帯（１人ぐらし）が増えている。

1 (1) ① × ② × ③ ○ ④ ×
(2) ① **例** 公害問題が発生し，生活環境が悪化した。（19字）
② **例** 農村で過疎，都市で過密の問題がおこった。（20字）

解説 (1) ① 電気洗濯機，電気冷蔵庫，電気掃除機の普及率が70％をこえたのは，1970年以降である。
② カラーテレビの普及率が白黒テレビを上回ったのは，1970年より後である。④ パソコンの普及率は，2000年には約40％，2005年には約70％で，約30％の増加率である。
(2) ① 公害が激しくなったことを答えればよい。
② 都市では人口の**過密化**が進み，騒音や大気汚染などの問題がおこった。その反面，農村では**過疎化**が深刻な問題となった。

2 (1) 合計特殊出生率 (2) ① ア ② オ

解説 出生率は，ふつう人口1,000人あたりの出生数（2019年で6.98人）で表されるが，合計特殊出生率とは，女性が一生のあいだに生む子どもの平均数のことである。人口を同じ水準に保つには，この合計特殊出生率が2.07程度あることが必要とされる。これを割りこむと，人口が減っていく。日本の場合は，2010年で1.39，2019年で1.36となっている。65歳以上の割合は，2019年で約28％。

③ 資料A…ウ　資料B…イ
　　語句…個人情報　正しい文…ク

解説 インターネットは新しいメディアであり，1997
年から利用者が一気に増加している**ウ**があてはまる。
インターネットの普及は活字ばなれを加速させると
もいわれているが，このころを境に減少している**イ**
は，雑誌の発行部数を表している。なお**ア**は，カ
ラーテレビの普及率を示している。
正しい文…カ．インターネットが普及しても，従来
のマスメディアの役割はおとろえたとはいえない。
キ．情報機器を使えなかったり，情報処理の苦手な
人も多く，情報に対する格差は大きくなっている。
インターネットは発信者を特定しにくいため，**ク**に
あるように，誤った情報が広まる可能性がある。

---

p.10～11　実力アップ問題の答え

① (1) イ→ア→ウ
　(2) 合計特殊出生率（ごうけいとくしゅしゅっしょうりつ）
　(3) 例 現役世代の負担が次第に重くなって
　　　いく。
② (1) ① 宗教　② 芸術
　(2) アイヌ（の人々，民族）
　(3) 例 伝統文化を受けつぐ人が少なくなっ
　　　ていること
③ (1) ア　(2) エ
④ (1) イ　(2) 少数意見

解説 ①(1)日本では，少子高齢化（こうれいか）が進んでいること
から，人口ピラミッドの下部にあたる0～14歳（さい）の人
口は次第に減っていき，上部にあたる65歳以上の
人口は増えていくと考えられる。
(2) 人口を維持（いじ）するためには，合計特殊出生率が2.07
程度必要であるとされているが，平成の間は一度も
2.07を上回ることはなく，1.5ほどであった。
②(2) アイヌ民族は北海道の先住民族であり，現在
もアイヌ民族とともにその文化が継承（けいしょう）されている。
また，北海道にある地名のうち，約8割がアイヌ語
を由来としているとされる。
(3) 日本では，1950年に文化財保護法が制定され，
国や地方公共団体，市町村などがこの法律にもとづ
いて文化財の保存と活用を行っているが，少子高齢
化（かそか）や過疎化により，若い人が少なくなったことで，
伝統文化を受けつぐ人が減り，その存続が難しくな

っているものもある。

③(1)**イ**について，ヨーロッパ州は2.9%，南アメリ
カ州は9.7%なので，南アメリカ州の方が多い。**ウ**
について，アフリカ州とオセアニア州はともに
0.6%なので足すと1.2%，北アメリカ州は2.7%なの
で，北アメリカ州の方が多い。**エ**について，3番目
に多いのはヨーロッパ州である。
(2) **ア**は，障がいをもつ人などが生活をする上での
物理的，精神的な障壁（しょうへき）を取り除くこと，**イ**は理解し
たり，表現したりすることを指し，とくにマスメデ
ィアやインターネットの情報を読み取る力をメディ
アリテラシーという。**ウ**は世界的な規模であること
を示し，グローバル化とは，人や物，情報などが国
境をこえて広がっていくことである。
④(2)**多数決**とは，何か物事を決定するときに，賛
成する人が多い方の案を採用する方法である。しか
し，すべての人が賛成した上で決定をしているわけ
ではないので，選ばれなかった少数派の人が生まれ
てしまう。多数決で決定する際には，こういった少
数派の意見（少数意見）を取り入れることが重要であ
る。なお，すべての人の意見を一致（いっち）させた上で行う
決定を，全会一致という。

2章 個人の尊重と日本国憲法

② 人権と日本国憲法

p.14～15　基礎問題の答え

① (1) ① ロック　② モンテスキュー
　(2) イ　(3) 大日本帝国憲法（ていこく）
　(4) 天皇　(5) ウ

解説 (1)① ロックは社会契約説（けいやくせつ）と抵抗権（ていこうけん）を主張した。
② モンテスキューは三権分立を主張した。
(5) 社会権とは，人間らしい生活を送るための権利
である。1919年のドイツのワイマール憲法で，生
存権（そんけん）として保障された。

② (1) ① オ　② イ　③ エ　(2) 宗教改革（しゅうきょうかいかく）

解説 (2) ルターやカルバンは，カトリック教会の腐
敗（はいはい）を批判（ひはん）し，宗教改革を始めた。この改革をめざす
勢力をプロテスタントという。

3

③ (1) ① 平等　② 人間
　　(2) B　(3) C→A→B

解説 (1) Aのフランス人権宣言とCのアメリカ独立宣言は，ロック，モンテスキュー，ルソーなどの思想の影響を受け，自由と平等の人権を確立させた。
(2) 社会権は，ほかの基本的人権にくらべて新しいことから，20世紀的人権ともよばれる。
(3) アメリカ独立宣言は1776年(アメリカ独立戦争中)，フランス人権宣言は1789年(フランス革命中)，ワイマール憲法は1919年(第一次世界大戦後)のこと。

④ ① 1946　② 5月3日　③ 国民
　④ 象徴　⑤ 国事行為　⑥ 平和
　⑦ 基本的人権　⑧ 国会

解説 大日本帝国憲法と日本国憲法については，制定された年と特色について，表などにまとめておこう。

定期テスト対策

大日本帝国憲法	日本国憲法
(1889年発布)	(1946年公布・47年施行)
・天皇主権…国民は臣民	・国民主権…天皇は象徴
・人権は法律によって制限された。	・基本的人権の尊重
・伊藤博文らが中心となり，ドイツ(プロイセン)の憲法をモデルとして作成。	・平和主義
	・ポツダム宣言受諾後，GHQの指導により制定(形式上は大日本帝国憲法の改正だが，内容的には異なる)。

p.16～17　標準問題の答え

① (1) イギリス　(2) (フランス)人権宣言
　(3) リンカン
　(4) 記号…ウ
　　　理由…例 君主の権限の強い憲法であったため。
　(5) イ　(6) ワイマール憲法

解説 (1) マグナ＝カルタ(大憲章)は，1215年にイギリスで貴族が国王の権限を制限した法。議会の承認なしでは課税できないことなどを定めた。現在でも，イギリス憲法を構成する基本法の1つとなっている。

② (1) A…イギリス　B…法の精神
　　　C…ルソー

(2) 社会契約説

解説 『市民政府二論』において，ロックは抵抗権(革命権)を主張し，これが市民革命に大きな影響を与えた。また，モンテスキューが『法の精神』において三権分立を主張したこと，ルソーが『社会契約論』で人民主権を主張したことも重要。

③ (1) 社会権　(2) ② ア　③ ウ　(3) イ

解説 (1) 18世紀には，多くの国民が自由権を手に入れたが，反面，貧富の差なども拡大した。20世紀になると，不平等の問題を解決するために社会権が主張されるようになった。自由になっても，生活が保障されなくては，幸福にはなれないということである。
(3) イは資本主義の発達とは関係ない。

④ (1) 最高法規　(2) 基本的人権
　(3) ① 天皇
　　　② 例 政府が国民の意思によって設立され，運営されるということ。[国の政治の決定権は国民にあること。]

解説 (1) 日本国憲法第98条に「この憲法は，国の最高法規であって，その条規に反する法律，命令…(中略)…は，その効力を有しない」と定められている。

⑤ (1) ① 3分の2　② 国会　③ 過半数
　　④ 国民
　(2) ① ×　② ×　③ ○

解説 (2) 日本国憲法は，これまで1度も改正されたことはない。憲法改正の国民投票法が成立したのは2007年である。なお，この国民投票法では，投票権は満18歳以上の国民に与えられることになっている。2015(平成27)年，公職選挙法の改正により国政選挙の選挙権年齢が満18歳以上となった。

定期テスト対策

❶人権思想家
・ロック(1632～1704年　イギリス)
『市民政府二論』で抵抗権を主張。
・モンテスキュー(1689～1755年　フランス)
『法の精神』で三権分立を主張。
・ルソー(1712～78年　フランス)
『社会契約論』で人民主権を主張。
❶自由・平等の確立
・アメリカ独立宣言(1776年)

「我々は以下のことを自明の真理と信じる。人間はみな平等につくられていること，ゆずることのできない権利を創造主によって与えられていること…」

・フランス人権宣言(1789年)

「第1条　人は生まれながら，自由で平等な権利を持つ。」

❸ 基本的人権とこれからの人権保障

p.20～21　基礎問題の答え

1 (1)① イ　② ウ　③ キ
　(2) イ，エ　(3) オ

解説 (1) 第1条も第3条も重要な条文である。暗記するくらいの気持ちで読んでおこう。
(3) 天皇の国事行為は，第7条に規定されている。オの条約を承認するのは国会の仕事。

2 (1)① 法　② 差別
　(2) アイヌ(の人々，民族)
　(3) a…イ　b…ウ　c…ア

解説 (1) 日本国憲法第14条の条文。門地とは家柄のこと。
(3) 自由権は，最も古い人権の1つであり，精神の自由・身体の自由・経済活動の自由の3つに大別される。

3 (1)① 健康　② 文化　③ 生存
　(2) ア　(3) 団結権

解説 (1) 日本国憲法第25条第1項は，テストや入試でよく出題される条文である。しっかり覚えておこう。
(3) 団結権は，団体交渉権，団体行動権(争議権)とともに労働基本権(労働三権)といわれる。

4 (1) 公共の福祉
　(2)① 知る権利　② プライバシーの権利
　　③ 環境権
　(3) 子ども[児童]の権利条約

解説 (2) 知る権利やプライバシーの権利，環境権などは，憲法に明記されてはいないが，産業の発達や社会の成長にともなって必要とされるようになった新しい人権である。
(3) 子ども(児童)の権利条約は，子どもが教育を受ける権利や，思想や良心の自由など子どもが「生きる権利」，「育つ権利」，「守られる権利」，「参加する権利」を保障している。日本は1994年に批准した。

定期テスト対策

❶子どもの権利

・生きる権利…防げる病気などで命を失わない
・育つ権利…教育を受け，自分らしく自由に育つ
・守られる権利…虐待などから守られる
・参加する権利…自由に意見を言ったり，グループで活動できる

p.22～23　標準問題の答え

1 (1)① 個人　② 公共の福祉
　　③ 最低限度　④ 教育　⑤ 団結
　(2) 社会権

解説 (2) 日本国憲法第25条の生存権，第26条の教育を受ける権利，第28条の労働基本権は社会権に分類される。

2 (1) イ　(2) 情報　(3) エ

解説 (1) 環境権に配慮し，上階をせまくすることによって近隣の日照を確保している。
(2) 多くの地方公共団体に情報公開条例がある。
(3) ドナーカードは臓器提供の意思を示したカード。インフォームド・コンセントは医療面で十分な説明にもとづく同意のこと。尊厳死の要望をふくめ，自分の生き方を自由に決める自己決定権にあたる。メディアリテラシーはメディアの伝える情報を読みとく能力。

3 (1) ウ，エ
　(2)例 A氏の表現の自由にもとづいた行為が，B氏のプライバシーの権利を侵害したため。

解説 (1) 日本国憲法における国民の三大義務は，納税の義務・勤労の義務・子どもに普通教育を受けさせる義務である。

4 (1) A…助言　B…承認
　(2) A…身体の自由　B…精神の自由
　　C…経済活動の自由　D…精神の自由

解説 (2) A. 奴隷的拘束とは，奴隷のように自由を束縛すること。苦役とは，つらく苦しい労働。

定期テスト対策

❶おもな人権

自由権	精神の自由…思想・良心の自由。信教の自由。集会・結社・表現の自由
	身体の自由…奴隷的拘束・苦役からの自由。法定手続きの保障。逮捕・捜索などに対する保障。拷問の禁止
	経済活動の自由…居住・移転・職業選択の自由。財産権の保障
社会権	生存権。教育を受ける権利。勤労の権利。労働基本権
参政権	選挙権。公務員の選定権・罷免権。被選挙権。請願権。最高裁判所裁判官の国民審査。住民投票権。憲法改正の国民投票権
請求権	裁判を受ける権利。国家賠償請求権。刑事補償請求権
新しい人権	環境権。知る権利。プライバシーの権利。自己決定権

p.24～25 実力アップ問題の答え

1 (1) **平和主義** (2) **勤労** (3) **ウ**

(4) **例 労働者が，労働条件などについて，使用者と対等の立場で交渉できるようにするため。**

(5) **例 貧富の差が広がる**

2 (1) **最高法規** (2) **エ** (3) **生存権**

(4) **司法権の独立** (5) **請願権**

(6) **例 情報化が進み，個人情報が，不正に利用されるおそれが高まってきたため。**

(7) **例 ピアノを自由に演奏する権利だけでなく，他の住民が快適に生活する権利も尊重しなければならない。**

解説 **1** (2) 日本国憲法第27条に定められている。

(4) **労働者**（被雇用者）と**使用者**（雇用者）では，使用者の立場が強い。労働者が，賃金や休日などの労働条件について使用者と対等に交渉するためには，団結することが必要である。

2 (1) 日本国憲法第98条に定められている。

(2) 職業選択の自由は**経済活動の自由**にふくまれる。

(4) **司法権の独立**については，日本国憲法第76条に明記されている。くわしくは本冊 p.44 を参照。

(5) **請願権**とは，損害の救済や法律の制定などについて，国や地方公共団体に請求する権利のこと。日本国憲法第16条に定められている。

(6) たとえば，街頭でのアンケートから個人情報がもれて，その後，望まない勧誘の電話がかかってくるといったことが考えられる。

(7) **公共の福祉**による人権の制限の具体例である。

3章 現代の民主政治と社会

❹ 現代の民主政治

p.28～29 基礎問題の答え

1 (1) **人民** (2) **憲法**

(3) **直接民主制** (4) **多数決**

(5) **独裁政治** (6) **法の精神**

解説 (1) この言葉は，アメリカのリンカン大統領が，1863年，南北戦争の戦没者追悼集会で行った「ゲティスバーグの演説」の一節。民主政治の原則を，簡潔に表現したものとして名高い。

2 (1)① **制限** ② **1945** ③ **20**

(2) a…**ウ** b…**イ** c…**ア** d…**エ**

解説 (1) 制限選挙とは，財産などにより，選挙権が制限されている選挙のこと。年齢以外に制限のない選挙が，普通選挙である（ただし1925年の普通選挙法では，性別による制限があった）。

(2) 選挙の4原則を確認しておこう。この4原則のどれかが欠けている選挙は，民主的とはいえない。

3 (1) A…**比例代表制** B…**小選挙区制**

(2)① **比例代表** ② **選挙区**

(3) **公職選挙法**

解説 (1) 比例代表制は，得票数に応じて各政党へ議席を配分する方法。少数政党にも，議席獲得の機会がある。**小選挙区制**は，1つの選挙区から1人の当選者を出す方法。大政党に有利である。

4 (1) マニフェスト[政権公約]
(2) ① ウ　② カ　③ ア　④ イ
(3) マスメディア

解説 (1) 有権者はマニフェストによって，投票する政党や候補者を選ぶ。政党は有権者に対して，マニフェストを実現するという約束をすることになる。

p.30〜31　標準問題の答え

1 (1) A…エ　B…イ　C…ア
(2) イ，エ

解説 (2) 参議院議員の被選挙権は，満30歳以上である。また，参議院議員選挙は3年ごとに半数が改選されるので，定数248名の半分の124名が選ばれる。なお，2020年現在の定数は245名であり，2022年の選挙で248名になる。

2 (1) ① ク　② エ　③ ア　④ ウ　⑤ イ
(2) A…三権分立[権力分立]
　　B…モンテスキュー

解説 (2) 立法，行政，司法の権力を分けないと，国民の自由や権利が侵害される。このことは，国王による専制政治を考えれば理解できるだろう。三権分立(権力分立)は，近代民主主義国家の条件といえる。

3 (1) B党　(2) 野党　(3) 連立政権
(4) ウ　(5) ウ

解説 (4) 政治資金規正法は，政治活動に必要な資金の出入りを明らかにすることを目的とした法律で，1948年に制定されて以来，何度か改正されている。**ア**の公職選挙法は，選挙を公正に行うため，選挙権や被選挙権および選挙運動などについて定めた法律で，1950年に制定された。**イ**の政党助成法は，政治活動にかかる資金の一部を国が交付する(政党交付金)ことを定めた法律で，1994年に制定された。
(5) **ア**で述べられている55年体制は，1993年の細川護熙内閣の成立によって終結した。2012年末以降は，自由民主党(自民党)が多数の議席を獲得し，公明党との連立政権を組んでいる。

4 (1) 世論　(2) ア　(3) リテラシー

解説 (3) マスメディアの報道のほか，インターネットの情報活用なども，メディアリテラシーにふくまれる。

5 例 十分な議論を行うこと。
　　[少数意見を尊重すること。]

解説 採決を行う時，全員一致の決定ということはむずかしい。いろいろな意見があり，利害関係が対立することも多い。そのような場合は，やむを得ず多数決で決めることになるが，**十分に議論をつくすこと**と，多数意見をおしつけるのではなく，**少数意見にも真剣に耳をかたむけること**が必要となってくる。

定期テスト対策

❶比例代表選挙のしくみ

比例代表制による選挙は次のような方法で行われる。
①各政党の得票数を1，2，3…と整数で割っていく。
②割り算の答えが大きい順に，各政党に議席が配分される(ドント式)。衆議院選挙では，各政党の比例代表名簿に名前がのっている順に当選者が決まる。

[定数5名の場合]	A党	B党	C党
総得票数	150票	120票	90票
÷1	150	120	90
÷2	75	60	45
÷3	50	40	30
当選者数	2名	2名	1名

[A党の比例代表名簿]
1．○山××→当選
2．△田□子→当選
3．凸沢凹郎→落選

※参議院選挙では名簿に順位をつけず，政党名または候補者名で投票する(非拘束名簿式)。個人票の得票数に応じて順位付けされ，当選者が決まる。

---

❺国民を代表する国会

p.34〜35　基礎問題の答え

1 (1) ① 国会　② 立法
(2) ① 4　② 30

解説 (1) ① 日本では，三権の中で国会を最高機関としている。これは，**主権者である国民が国会議員を選ぶ**ことによる。すなわち，国民が直接選ぶ国会議員が構成する国会を国権(**国会，内閣，裁判所**)の最高機関としたのである。

❶衆議院と参議院

	衆　議　院	参　議　院
定　数	465人	245人
任　期	4年	6年（3年ごとに半数改選）
解　散	あ　り	な　し
選挙権	18歳以上	18歳以上
被選挙権	25歳以上	30歳以上
選挙区	小選挙区…289人 比例代表…176人	選挙区…147人 比例代表…98人

＊参議院の議員定数は，2022年以降の選挙から248人になる。

2 ア，エ，キ，ク，コ（順不同）

解説 イ，ウ，オ，カは内閣，ケは地方公共団体の仕事である。

3 (1) 常会[通常国会]
(2) 臨時会[臨時国会]
(3) 特別会[特別国会]

解説 国会には，常会（通常国会），臨時会（臨時国会），特別会（特別国会）の3種類がある。また，衆議院の解散中に参議院の緊急集会が開かれることもある。

4 (1) ① 内閣　② 委員会　③ 本会議
(2) ア

解説 (1) 法律案は，どちらの議院に先に提出してもよいことになっている。まず委員会で審議されてから，本会議にかけられるという順序に注意しよう。

5 (1) 両院協議会　(2) 公聴会　(3) 衆議院
(4) 緊急集会　(5) 過半数

解説 (1) 両院協議会は，衆議院と参議院とで議決が異なる際に開かれるが，多くの場合は衆議院の議決が優先される（衆議院の優越）。
(2) 公聴会は専門家や関係者などの意見を審議の参考にするために各議院の委員会で開くことができる。

❶国会の種類

	召集・おもな内容	会　期
常会 （通常国会）	毎年1回，1月に召集。予算案の審議など。	150日間
臨時会 （臨時国会）	内閣が必要と認めた場合，いずれかの議院の総議員の4分の1以上の要求があった場合に召集。	両議院の議決の一致による
特別会 （特別国会）	衆議院の解散総選挙から30日以内に召集。総理大臣の指名など。	両議院の議決の一致による
参議院の緊急集会	衆議院の解散中，緊急の必要によって内閣が要求した場合に召集。	不定

p.36～37　標準問題の答え

1 (1) ① 優越　② 任期　③ 解散　④ 予算
(2) ① 3分の1　② 233人
(3) 憲法改正

解説 (1) 衆議院の優越は重要事項。その理由については，国民の意思の反映という点から，衆議院と参議院のちがいを比較しておこう。

2 (1) 国権の最高機関
(2) エ　(3) イ　(4) 3分の2

解説 (4) 問題文は，衆議院の優越の例を具体的に示している。3分の2以上の賛成で，衆議院が再議決を行えば，法律として成立する。

❶衆議院の優越

事　項	内　容	結　果
予算の審議	衆議院に先議権	
予算の議決，条約の承認，内閣総理大臣の指名	・参議院が衆議院と異なった議決→両院協議会でも意見が一致しない場合 ・衆議院の可決した議案を受け取って30日以内（内閣総理大臣の指名は衆議院の議決後10日以内）に参議院が議決しない場合	衆議院の議決が国会の議決となる
法律案の議決	参議院が衆議院と異なった議決→衆議院が出席議員の3分の2以上の多数で再可決	法律となる

| 内閣不信任 | 衆議院のみで行うこと | |
| の決議 | ができる | |

（2）予算の先議権は，衆議院の優越の１つである。

3 (1) ウ　(2) 緊急集会

解説 (1) 衆議院の解散総選挙のあとの国会であるので，Aは**特別会**であると判断できる。**内閣不信任決議**がなされた場合，内閣は10日以内に**総辞職**するか，衆議院を解散しなくてはならない。解散の日から40日以内に総選挙が行われ，選挙の日から30日以内に特別会が召集される。

4 X…4　Y…6　Z…3

解説 衆議院議員と参議院議員の任期と選挙の方法については，何度も確認して必ずおさえておこう。

5 (1) 国政調査権　(2) 弾劾裁判所
(3) 議院内閣制　(4) 公聴会
(5) 両院協議会

解説 (2) 弾劾裁判所は，両議院から７人ずつ，計14人の弾劾裁判員が選ばれ，裁判官の非行などを裁く。場合によっては，裁判官としての職を失う。

❻ 行政権を持つ内閣

p.40〜41 基礎問題の答え

1 ① オ　② カ　③ ケ　④ サ　⑤ ア　⑥ ス

解説 ② 日本国憲法第66条は，**内閣総理大臣**とその他の**国務大臣は文民**でなければならないと規定し，軍人（自衛官もふくむ）による政治を禁止している。⑥ 日本国憲法67条第２項で，**内閣総理大臣の指名**について**衆議院の優越**を定めている。

2 (1) a…イ　b…エ　c…ア　d…ウ
(2) 例 国会議員であること。

解説 (2) 内閣総理大臣は，**国会議員であること**が条件である。なお，衆議院議員・参議院議員のどちらでもよいとされているが，2020年現在，参議院議員が内閣総理大臣に選ばれたことはない。

3 (1) ウ　(2) 衆議院　(3) 会計検査院

解説 (1) 予算案作成の中心となるのは，**財務省**である。おもな行政機関の仕事の内容を確認しておこう。

定期テスト対策

❶ おもな行政機関と仕事の内容
- **総務省**…行政管理，地方自治など
- **法務省**…検察，人権擁護，出入国管理など
- **外務省**…外交政策，条約の締結など
- **財務省**…財政，税制など
- **文部科学省**…教育，学術，スポーツ，文化など
- **厚生労働省**…社会福祉，社会保障，労働行政など
- **農林水産省**…農業，林業，水産業，畜産業など
- **経済産業省**…産業政策，エネルギー政策など
- **国土交通省**…国土利用・開発，交通政策など
- **環境省**…地球環境，公害防止など
- **防衛省**…自衛隊の管理・運営など

4 イ，エ，キ

解説 ア，ウについて，**条約の締結や予算の作成は内閣の仕事**だが，**国会での承認・議決によって正式に成立する**ので，注意が必要。オは国会の仕事。カは裁判所の仕事。クは地方公共団体の仕事。

5 エ

解説 衆議院議員の総選挙後に**特別会**が召集されると，内閣は総辞職するので，まず内閣総理大臣が指名される。内閣総理大臣以外の国務大臣は，内閣総理大臣が任命する（日本国憲法第67条，第68条）。

6 ① ウ　② ア　③ エ

解説 大日本帝国憲法での官吏は，天皇に対して責任を負うものとされていた。現在の日本国憲法では，**公務員は全体の奉仕者**として，主権者である国民に対して責任を負う。

7 防衛省

解説 防衛省は，2007年に防衛庁から昇格した。自衛隊を管理し，日本の防衛を担当している行政機関。

p.42〜43 標準問題の答え

1 (1) ウ
(2) 国会議員…B
理由… 例 衆議院の優越により，衆議院の指名が優先されるため。
(3) 国会議員

9

(3) **国民審査**
(4) ① **原告** ② **被告** ③ **弁護士**

解説 (1) 刑事事件で被告人を起訴するのは，**検察官**である。

(3) **最高裁判所は憲法の番人**であり，最終的な裁判を行う機関である。そのため，その裁判官に対して，主権者である国民に信任か不信任かを問うのが，**国民審査**である。ただし2020年現在，国民審査で罷免された例はない。

③ ① **弾劾** ② **国会**

解説 弾劾裁判所は，衆議院および参議院から各7名が裁判員として選出される。法律にくわしい議員が選ばれることが多い。2000年代に入ってからは，3件の弾劾裁判が行われ，いずれも現職の裁判官が罷免されている(2020年現在)。

④ 例 **最高裁判所は，法律や行政機関の行為が憲法に違反しているかどうか，最終的に判断する権限を持っているから。**

解説 **違憲審査権**は，最高裁判所に限らず，下級裁判所にもある。しかし，三審制をとっている日本の裁判所において，**終審裁判所**である最高裁判所の権限は大きく，その責任も重いものであるといえる。

定期テスト対策

❶裁判所の種類

	裁判所の数	担当事項
最高裁判所	1か所(東京)	高等裁判所からの上告(最終裁判)
高等裁判所	8か所	おもに第二審(地方裁判所や家庭裁判所からの控訴)
地方裁判所	50か所	おもに第一審
家庭裁判所		家庭内の争いなど
簡易裁判所	438か所	簡易な裁判(罰金以下の刑事裁判，請求額140万円以下の民事裁判)

解説 (2) 資料と問題文によると，衆議院では**B議員**，参議院では**A議員**が指名され，両院の指名が異なるため，**両院協議会**が開かれた。しかし意見が一致しなかったため，**衆議院の優越**にしたがい，**B議員**が指名される。

② (1) **b** (2) **イ** (3)例 **条約を承認する。**

解説 (1) bの参議院議員の任期(6年)が最も長い。aの衆議院議員の任期は4年，cの内閣総理大臣は，国民の直接選挙ではなく国会での指名によって選ばれる。

③ (1) **総辞職** (2) **ア** (3) **文民**
(4) ① **内閣総理大臣** ② **総選挙**
(5) **閣議**

解説 (2) **イ**について，国政調査権は国会が政治について調査する権利である。**ウ**について，政権を担当する政党が**与党**，それ以外の政党が**野党**である。**エ**について，内閣が定めるのは政令。条例は地方公共団体が定めるきまり。

❼ 人権を守る裁判所

① (1) A…**高等裁判所** B…**簡易裁判所**
(2) **下級裁判所** (3) ⓐ **ウ** ⓑ **イ**
(4) **三審制** (5) ① **エ** ② **イ** ③ **ア**
(6) **14名** (7) **内閣** (8) **8か所**
(9) **ア** (10) **イ**

解説 (3)(4) 三審制は，裁判を慎重に進めるための制度である。同一の事件について，3回まで裁判を受けることができると定められている。第一審の判決後の上訴を**控訴**，第二審の判決後の上訴を**上告**ということも，必ずおさえておこう。
(5) この考え方が，**司法権の独立**である。
(8) 高等裁判所は，全国8か所(札幌・仙台・東京・名古屋・大阪・高松・広島・福岡)に設置されている。なお最高裁判所は1か所(東京)，地方裁判所・家庭裁判所は50か所(各都道府県に1か所ずつ，北海道は4か所)，簡易裁判所は438か所である。

② (1) **ア**
(2)例 **慎重な審理を重ねて，人権を守るため。**

① (1) **エ** (2) **イ** (3) **内閣**

解説 (1) 刑事事件では，検察官と弁護人とが意見をたたかわせる。

2 (1) ① 刑事 ② 裁判員 ③ 検察官
④ 検察審査
(2) A…3 B…6

解説 裁判員制度は，有権者からくじで選ばれた6人の裁判員が，3人の裁判官とともに刑事事件の審理を行う。主権者である国民が，司法に参加する制度である。検察審査会は，有権者の中からくじで選ばれた11人の検察審査員で構成され，6か月の任期で活動する。

3 (1) a…内閣 b…立法
(2) A…イ B…オ C…ア D…エ
(3) ① 三権分立 ② 国民
(4) 憲法の番人 (5) イ

解説 (2) 三権のあいだでは，たがいにけん制しあう制度が取り入れられており，権力の集中を防ぐしくみになっている。(5) アは裁判所で行われる。ウは司法権の独立を侵すもので，こうしたことはない。

4 (1) 司法権の独立 (2) 家庭裁判所
(3) 再審 (4) 高等裁判所 (5) ○

解説 (1) 大津事件の際，当時の政府は，ロシアとの関係を悪化させないよう，犯人の死刑を要請したが，大審院(現在の最高裁判所)院長であった児島惟謙は，法律にしたがった判決を下すよう，担当の裁判官を指導した。
(2) 家庭裁判所は，家庭の財産に関することがらや，離婚問題，少年事件などを扱う。
(3) 過去の例では，再審で無罪となった事件もある。
(5) 裁判は公開法廷で行うことが原則である。しかし，裁判所が，公の秩序や善良な風俗を乱すおそれがあると判断した場合は，公開しないで裁判を行うことができる(日本国憲法第82条)。

❽ 地方自治と私たち

1 (1) A…ウ B…エ (2) 首長 (3) 30
(4) イ

解説 (1) アの官房長とは，一般企業でいう総務部の長。内閣の官房長官(官房長)などが知られる。

(3) 都道府県知事と参議院議員の被選挙権は，満30歳以上である。
(4) イが正しいが，議会を解散しても，新たに選挙された議員による次の議会で再び不信任を議決されたら，辞職しなければならない。ウは，知事がリコール(解職請求)された場合のこと。

2 (1) A…イ B…ア (2) ウ
(3) 固定資産税，事業税，自動車税，都市計画税などのうち1つ。

解説 (2) アは，以前は国の仕事だったが，現在は日本郵政株式会社が担当している。イとエは内閣の仕事である。国が定める法を法令というのに対し，地方公共団体が独自に定める法を条例という。

3 (1) 直接請求権
(2) ⓐ イ ⓑ エ ⓒ ア ⓓ ウ
(3) 3分の1
(4) ① 特別 ② 住民投票 ③ 過半数

解説 (2)(3) 首長の解職請求や地方議会の解散請求など，身分にかかわる請求には，有権者の3分の1以上の署名が必要。議会の解散と首長・議員の解職は選挙管理委員会に，副知事・副市町村長などの解職は首長に請求する。

4 (1) 地方債 (2) イ (3) ア，ウ

解説 (2) アの地方自治法は，1947年に制定された地方自治の基本的な法律。1999年には，地方分権をめざした改正が行われた。

1 (1) イ (2) ア

解説 (2) Xは県によって大きくちがうので，地方税と判断できる。地方税は，都道府県や市町村で課税する税で，地方財政の柱となっている。都道府県の税には住民税や事業税，市町村税には住民税や固定資産税などがある。Yが地方交付税交付金で，財政の不足をおぎなうために，国から地方公共団体に交付される補助金。特定の使いみちのために支出される国庫支出金との区別に注意しよう。

2 ア

解説 首長の解職請求には，有権者の3分の1以上の署名が必要である。

3 (1) 記号…ウ　正しい語…不信任決議
　(2) 例 辞職する。
　(3) 署名数…イ　請求先…ク
　(4) 例 特別法を制定する場合。

[解説] (1) 衆議院の内閣不信任決議と同様に，地方議会にも行政権(首長)に対する**不信任決議**の権限がある。不信任決議が可決されると，首長は，地方議会の解散か辞職をしなければならない。
(4) 特定の地方公共団体だけに適用される**特別法**を制定する場合は，その地方公共団体において**住民投票**を行い，過半数の同意を得なければならない。

4 (1) 地方交付税交付金　(2) イ

[解説] (1) 地方交付税交付金は地方公共団体間の財政上の格差を調整するための補助金である。したがって，財政がゆたかな地方公共団体には交付されない。
(2) **ア**の相続税と**ウ**の法人税は国税，**エ**の固定資産税は市町村税である。

5 (1) ウ　(2) ア　(3) エ　(4) イ

[解説] (4) **監査**とは，業務などが適正に行われているかどうか点検することである。地方公共団体は，住民や企業からの税金などによって運営されているため，それらの税金が不正に使われていないかをチェックするために，**監査委員**がおかれている。

定期テスト対策

❶地方公共団体の財源

地方税	地方公共団体の独自財源
地方交付税交付金	地方公共団体間の格差を是正するための国からの補助金
国庫支出金	義務教育など，使いみちを限定して国から支給される補助金
地方債	財源不足をおぎなうための借金

p.56〜59　実力アップ問題の答え

1 (1) イ　(2) 代表者　(3) A…エ　B…カ
2 (1) 例 投票の秘密を守る原則[秘密投票の原則，無記名投票の原則]
　(2) 例 出席議員の3分の2以上の多数で再び可決した場合。
3 (1) 議院内閣制　(2) 閣議　(3) ア　(4) ウ
4 (1) A　(2) ア

(3) 例 1票の格差の問題がおこる。
　　[1票の価値に格差が生まれる。]
5 ① 立法機関　② 憲法改正
6 (1) 刑事裁判
　　理由…例 検察官[被告人]がいるから。
　(2) 裁判官
　(3) 違憲審査権
　　[違憲立法審査権，違憲法令審査権]
　(4) 裁判員
7 (1) イ　(2) エ

[解説] 1 (1) 大日本帝国憲法では，皇族や華族(世襲議員)，天皇に選ばれた人(勅選議員)などから構成される**貴族院**と衆議院の二院制を採用していた。
2 (2) 法律案の再議決は，日本国憲法第59条に規定されている。**衆議院の優越**の1つとして，おさえておこう。
3 (1) 立法と行政の関係には，大きく分けて**議院内閣制**と**大統領制**がある。大統領制は，アメリカなどで採用されており，議会の議員と(立法を担当)，大統領(行政を担当)が別々に選挙される。これに対して，日本やイギリスなど議院内閣制をとる多くの国では，議会で多数を占めた政党が与党として内閣を組織し，議会は内閣不信任の決議を行う権限を持っている。両者のちがいを理解しておこう。閣議は，総理大臣のもとで政府の方針が決定される重要な会議であるため，その様子は非公開とされている。
4 (3) 1票の格差とは，選挙区によって選出する議員1人あたりの有権者数がちがうため，1票の持つ価値にちがいが出るという問題のことである。**X**選挙区では，約42万人の有権者の代表として衆議院議員が選ばれるが，**Y**選挙区では，約21万人の代表者であるので，1票の価値が大きくなる。**X**選挙区で2人の議員が選出されることになれば，2つの選挙区での有権者の票の価値はほぼ等しくなるが，議員の定数が定まっているため，選出議員の増減については全国規模での調整が必要である。
5 ① 日本国憲法では，立法・行政・司法の三権のうち，**立法権優位の原則**を採用している。国会が国権の最高機関といわれるのは，そのためである(日本国憲法第41条)。三権の中で，国会議員だけが，主権者である国民によって直接選ばれることが，その根拠だとされている。また，唯一の立法機関とは，

原則として国会以外においては，立法ができないという意味である（条例などはのぞく）。

6 (1) 裁判における**検察官**の仕事は，被告人を裁判所に起訴し（刑事裁判），法廷では，証拠にもとづいて被告人の有罪を主張することである。

(4) **裁判員制度**が導入され，主権者である国民が裁判に参加することによって，刑事裁判の内容に国民の視点が取り入れられ，司法制度への信頼や理解が高まることが期待されている。

7 (1) ア．市（区）町村の首長は，住民の直接選挙で選ばれる。ウ．小選挙区比例代表並立制は，衆議院の選挙制度である。参議院選挙には，非拘束名簿式比例代表制と，都道府県ごとの選挙区選挙で実施されている。エ．内閣総理大臣は，国会が指名する。

4章 私たちの暮らしと経済

❾ 消費生活と企業

p.62〜63 基礎問題の答え

1 (1) A…オ　B…ウ　C…ア
(2) ① 流通費用
② POS

解説 (2) ① 近年では，さまざまな商品分野で，流通費用の節約などのメリットから，卸売業者を通さない直接買い付け（仕入れ）が増えつつある。

2 (1) 消費支出　(2) 株式会社
(3) a…ア　b…ウ　c…イ　(4) 財政

解説 (1) 収入から消費支出・非消費支出（税金・社会保険料など）を差し引いて残ったものが貯蓄となる。
(2) ここでいう「小額に分けた証券」とは株式のこと。この株式を購入した人が株主。
(4) 政府の経済政策を財政政策，日本銀行の経済政策を金融政策とよぶ。

3 ① エ　② イ
[設問] 価格を決める権利

解説 アの消費者契約法は，消費者が不当な方法で契約を結ばされた場合，その契約を取り消せることなどを定めた法律。

4 (1) 多国籍企業　(2) ウ　(3) ウ

解説 (3) このほか，顧客への誠実な対応，社員の労働環境への配慮などもふくまれる。

p.64〜65 標準問題の答え

1 (1) a，b，e
(2) a…ウ　b…オ　c…オ　d…エ
e…ウ
(3) ① X…ウ　Y…ア　Z…イ
② ア，エ　③ 資本金

解説 (1) サービスとはこの場合，具体的なモノ（ハンバーガーやパンフレットなど）以外の形で，商品として提供されるものをさしている。
(3) ② 株主は，出資金の範囲で自己責任を負うものとされており，会社が倒産した場合には，出資金は返ってこない。かつては少数の大株主が直接会社の経営にたずさわることが多かったが，現在では，株式が多くの小株主に分散し，実際の経営は専門の経営者にまかされることが一般的である。

2 (1) イ　(2) PL法　(3) 消費者庁　(4) A

解説 (1) 消費者の４つの権利は，1962年にアメリカのケネディ大統領が提唱し，日本の消費者行政にも大きな影響を与えた。
(4) マルチ取引（商法）とは，商品を販売しながら会員を増やすと手数料が得られるとして，消費者に商品を売ると同時に，販売員として勧誘する取引（商法）。Bは無料商法（無料体験コースのあと，高額な契約をすすめられるなど），Cはサイドビジネス商法（仕事に就く前に資格試験に合格してほしいといわれ，高額な教材を買わされるなど），Dはインターネットの不正請求（ホームページ上のボタンをクリックしただけで，契約したとみなされるなど）にあたる。

3 ① キ　② ク　③ イ　④ エ　⑤ ウ

解説 日本の企業のほとんどは，中小企業である。給与や労働条件など，大企業との格差については，高度経済成長期にある程度解消したとされるが，経済の自由化とグローバル化の中で，近年では再び広がってきている。その一方で，ベンチャー企業として活躍する中小企業も出てきている。

⑩ 価格の働きと金融

p.68〜69 基礎問題の答え

1 (1) A…需要　B…供給　(2) 均衡価格
　(3) ① 上昇する[上がる]
　　　② 下落する[下がる]
　(4) 公共料金

解説 需要曲線は，消費者の行動を示す曲線。一般に，価格が上がるほど需要は下がるので，右下がりの曲線となる。供給曲線は，生産者の行動を示す。一般に，価格が上がるほど供給量(生産量)を増やすので，右上がりの曲線となる。需要量と供給量が一致したところできまる価格が，均衡価格である。

2 (1) 発券銀行　(2) 金融政策　(3) ウ

解説 (2) 日本銀行の金融政策にはさまざまなものがあるが，現在では公開市場操作が中心となっている。また，準備預金制度にしたがって一般の銀行が日本銀行に預けておく割合を，預金準備率(支払準備率)という。日本銀行は，預金準備率を操作することによって，一般の銀行の資金量を操作することができる。たとえば，預金準備率を下げると，一般の銀行が貸し出すことのできる資金が増えるため，資金量を増やしたい時には，準備率を下げるといった操作が行われている。
(3) 円高とは，日本円の交換比率(為替相場，為替レート)が，海外の通貨(とくにドル)に対して高くなることを意味している。たとえば，1ドル＝100円のレートが1ドル＝80円になった場合が円高，逆に1ドル＝80円が1ドル＝100円になった場合が円安である。円高には，海外へ旅行する際，日本円と交換できる外国通貨の額が増えるなど，有利な点もある(100円で1ドル→80円で1ドル)。しかし，円高が続くことによって，日本の経済は深刻な影響を受けるといわれている。まず，外国へ日本製品を輸出するにあたって，円高により，日本製品が割高になる。日本製品が高くなれば，海外での売り上げは落ちてしまうと考えられる。その一方，日本への輸入品の価格が安くなるため，輸入が増加する。

定期テスト対策

●円高…円の価値が上がること
　　1ドル＝100円→1ドル＝80円
　　輸出…減る　輸入…増える
●円安…円の価値が下がること
　　1ドル＝100円→1ドル＝120円
　　輸出…増える　輸入…減る

---

3 (1) 労働基準法　(2) 厚生労働省
　(3) 過労死　(4) 終身雇用制

解説 (1) 労働組合法，労働関係調整法，労働基準法を労働三法という。労働基準法は，賃金や労働時間など，労働条件の最低基準について定めた法律である。

定期テスト対策

●労働基準法
・労働者と使用者は対等(第2条)
・男女同一賃金の原則(第4条)
・1日8時間，週40時間内の労働時間(第32条)
・週1回以上の休日(第35条)

---

4 (1) イ　(2) インフレーション

解説 Aの状態は，生産・消費が上がっているため，好景気(好況)に向かっていると考えられる。好景気の時には，ものが売れ，賃金が上昇し，企業の生産も増える。逆に不景気(不況)の時には，ものが売れず，企業は生産を減らし，賃金も下がる。好景気と不景気は交互にくりかえされ，好景気から不景気に向かう時期(状態)を景気後退期，不景気から好景気に向かう状態を景気回復期とよぶ。急激な景気後退が，恐慌である。

5 (1) A…○　B…×　C…○
　(2) ウ　(3) 公正取引委員会

解説 (1) Aについて，金融政策は日本銀行の役割であり，一般の銀行は行わない。BとCについて，私企業に事業資金を貸し付けるのは，一般の銀行の仕事の1つ。日本銀行は，一般の私企業とは取り引きをしない。

❶日本銀行の役割

①**発券銀行**…日本銀行券の発行

②**政府の銀行**…政府資金の取り扱い

③**銀行の銀行**…一般の銀行との取り引き

④**金融政策**…景気や物価の安定をはかる

・**公開市場操作**…国債の売買

┌ 不景気の時→国債を買う
└ 好景気の時→国債を売る

・**準備預金制度**…準備率の操作

┌ 不景気の時→準備率を下げる
└ 好景気の時→準備率を上げる

---

p.70〜71 標準問題の答え

1 (1) イ (2) 独占禁止法
(3) 点線 (4) 金融市場

解説 (2) 独占禁止法は，正式には「**私的独占の禁止及び公正取引の確保に関する法律**」といい，企業間の競争をうながすために制定された。独占禁止法を運用する**公正取引委員会**は，消費者の利益を守るために，企業が**カルテル**(価格の協定)を結んだり，競争が不公正な方法で行われたりしないように監視する。

2 (1)① 減り ② 悪く ③ 減らし ④ 下が
(2) インフレーション (3) ア

解説 (3) デフレ対策としては，市場に通貨が出まわるようにして景気の回復をはかる必要がある。日本銀行が**国債を買う**とそれだけ通貨が市場に出ることになる。逆に，日本銀行が国債を売ると，市場の通貨をすいあげることになる。**エの減税**は，政府の財政政策である。

3 (1)① ウ ② イ ③ ア
(2)④ オ ⑤ ク ⑥ キ

解説 (1) 銀行の預金利子よりも貸付利子のほうが高い。当座預金は無利子である。

4 (1)① ウ ② ア ③ エ
(2) a…団結権 b…団体交渉権
(3) イ (4) イ

解説 (1) 男女雇用機会均等法は1985年に制定された。
(2) 労働基本権は，**公務員**については制限されてい

る場合がある。警察や消防の職員などには，**団結権・団体交渉権・団体行動権**のすべてが認められていない。

(3) かつては，**終身雇用**の慣行(終身雇用制ともよぶが，法律などで定められていたわけではない)のもとで，勤続年数に応じて賃金も高くなるという**年功賃金制**(年齢給)を採用する企業がほとんどであった。現在では，企業をとりまく経済状況がきびしくなり，また，労働者の労働意欲を高めるために，能力に応じて賃金を支払うという能力給が増えつつある。

(4) 失業や労働条件の悪化の問題は，現在も解決していない。

---

p.72〜73 実力アップ問題の答え

1 (1) 日本銀行
(2) 例 高いほど**供給量**が多くなる
(3) イ

2 (1) クーリングオフ(制度)
(2) 消費者契約法
(3) ア

3 記号…ア d…ユーロ

4 X…イ Y…エ

解説 **1** (3) 産業が発達すると，生産や販売が少数の企業に集中していくことが多い。日本でも，**独占禁止法**により，企業間の競争をうながす対策がとられている。**独占**や**寡占**(少数の企業による独占)の状態を調べるためには，各企業がどの程度の生産額を占めているのかを示す資料が必要である。

2 (1) **クーリングオフ**の対象となるのは，訪問販売や電話勧誘販売などで購入した商品が中心である。
(2) **消費者契約法**は，うそやおどしなどによる不当な契約から消費者を守る法律である。
(3) 景気変動については，教科書などで確認しよう。好景気→後退→不景気→回復→好景気…と循環する。

3 円高・円安については，1ドル＝100円の為替相場が1ドル＝80円に変化した場合など，具体的な例を用いて問われることが多いので，必ず理解しておこう。

4 株式会社は，多くの人から資金を集めることができ，最も一般的な企業の形態の1つである。株主は，会社が利益をあげれば利益の一部を配当として受け取れるが，反面，会社が倒産した場合，出資金は戻ってこないというリスクを負っている。

⓫ 政府の役割と国民の福祉

1 (1) **財政**　(2) **所得の再分配**
 (3) a…**イ**　b…**ウ**　c…**ア**
 (4) ① A…**国税**　B…**地方税**
 ② **消費税**　③ **所得税，相続税**

解説 (2) 所得の再分配とは，所得の高い人に税をたくさん納めさせ(累進課税)，一方，所得の低い人に対しては社会保障の社会福祉政策などにより所得の極端な格差を調整すること。

2 (1) **社会保険**　(2) **公的扶助**
 (3) **公衆衛生**　(4) **社会福祉**

解説 公的扶助は経済的に生活に困っている人に対し，生活費などを給付するしくみ。社会福祉は障がい者や一人親家庭など，社会的にハンディキャップがある人に対して支援を行うこと。

3 (1) 例 税を実際に納める人と税を負担する人
 が同じ税を直接税，異なる税を間接税という。
 (2) **国債**　(3) **社会資本**　(4) **防衛**　(5) **エ**

解説 (1) 消費税は，代表的な間接税である。私たちは商品を購入した時，お店に対して消費税を支払う。その消費税は，お店(事業者)が私たち(消費者)にかわって納めている。「納税者＝お店」「担税者＝消費者」というしくみを理解しておこう。
(2) 国債発行額は，2018年度では約35兆円である。国債は国の借金であり，返済が必要だが，将来の見通しはきびしいものがある。

1 (1) **イ**　(2) **ウ**　(3) ③ **ア**　④ **ウ**　(4) **ウ**

解説 (1) **イ**について，所得税と相続税は国税である。
(3) バブル経済の時期の状況については，公民分野のほか，歴史分野でも問われることがある。好景気と不景気の特徴について，正確におさえておこう。

2 (1) **社会資本**　(2) **所得の再分配**

解説 (1) 道路や港湾などが社会資本である。これらの施設は公共的な目的を持っているため，民間企業による利潤目的の建設や経営にはそぐわない。

3 (1) **健全財政**　(2) **暫定予算**　(3) **直接税**
 (4) **年金保険**　(5) **生活保護法**　(6) **介護保険**
 (7) **厚生労働省**　(8) **財政投融資**　(9) **減税**
 (10) **所得税**

解説 (6) 介護保険制度とは，40歳以上の人が加入し，介護が必要になった時(原則として65歳以上)に介護サービスを受けられる制度である。
(8) 財政投融資とは，財投債(国債の一種)などにより調達した資金を財源として，長期の事業計画などに投資や融資を行うことをいう。

⓬ これからの経済と社会

1 (1) **ウ**　(2) X…**イ**　Y…**ウ**　Z…**カ**

解説 (1) 日本のエネルギー部門別の発電量は，火力発電が約85.5パーセントを占めている。(2017年)
(2) 化石燃料とは，大昔の生物の死骸がうもれて炭化したもののことで，石炭・石油・天然ガスなどの総称である。これらがあと何年くらい採掘できるかを示す指数が可採年数であり，新たな油田などが発見されれば多少のびるが，世界全体ではしだいに減っている。

2 (1) **イ，エ**
 (2) 例 地球温暖化が進むと，海面が上昇し，領土とその周辺の経済水域を失うおそれがある。
 (3) **A**

解説 (1) 世界の人口は，2019年には約77億人となった。人口増加が著しいのは，アジアやアフリカなどの発展途上国である。食料不足におちいっている国も多く，栄養不足から幼児の死亡率が高い。食料が日本などの先進国に集中していることも，飢餓の原因の1つである。
(3) 日本は多くの食料を輸入しており，かろうじて完全な自給に近いのは，米などのわずかな品目である。日本の総合的な食料自給率は約38％(2017年)であり，先進国の中ではかなり低いといえる。なお，Bはアメリカ，Cはドイツの食料自給率(2013年)を表している。

3 (1) エ (2) ① 環境 ② 環境基本
③ リサイクル ④ 循環

解説 (1) 四大公害については，病名と発生地を必ずおさえておこう。エのスモン病は，キノホルムという整腸剤によって神経などをおかされる病気。1960年代後半に多発し，販売が停止された。

p.84～85 標準問題の答え

1 (1) A…ウ B…エ C…イ (2) 化石
(3) 例 わずかな燃料で多くのエネルギーを取り出せるが，放射能もれなどによって大きな被害が出る可能性がある。

解説 (1) 一次エネルギーとは，火力・原子力発電などに使われる自然界に存在するエネルギーのこと。
(3) 原子力発電には，大量の電力を安定して供給できる，温室効果ガスを発生させないといった利点があるが，安全性には非常に大きな課題がある。日本では，2011年3月11日におきた東日本大震災により，福島第一原子力発電所の事故が発生した。

2 (1) ＰＰＰ (2) × (3) 公害対策基本法
(4) アセスメント (5) 環境省

解説 (1) ＰＰＰは polluter-pays principle の略で，汚染者負担の原則と訳される。
(2) 四大公害訴訟は，すべて原告側（被害を受けた患者やその家族など）の全面勝訴で終わった。しかし，多くの人がその後も被害に苦しんでいる。
(4) アセスメントとは「評価，査定」という意味。環境影響評価（環境アセスメント）とは，開発事業の内容をきめるにあたって，それが環境におよぼす影響について事業者みずからが調査や評価を行い，よせられた意見をふまえて，環境の保全の観点からよりよい事業計画をつくることをめざす制度である。

3 (1) ウ (2) 中小企業基本法
(3) 例 輸出がしにくくなる。

解説 (1) Aについて，従事者や戸数などが著しく減っているのは，農業である。2010年の統計では，主業農家（農業での収入が他の仕事での収入を上回っており，年間60日以上農業に従事した65歳未満の人がいる）は農家全体の約22％にすぎず，準主業農家（農業収入よりも他の仕事での収入が多い）・副業的農家（年間60日以上農業に従事した65歳未満の

人がいない）が多くを占めている。Bについて，日本の企業の99％以上が中小企業。

4 (1) イ (2) イ

解説 (1) Xの国は，アメリカとほぼ同じ量の肉と魚を消費している。選択肢の中で食文化などが最もアメリカに近い国はどこかと考えれば，正解が導き出せる。

5 (1) 循環型社会 (2) ごみの発生の抑制

解説 (2) 3R運動とは，リサイクル（再生利用），リユース（再使用）とリデュース（ごみの発生の抑制）の頭文字からきている。

p.86～87 実力アップ問題の答え

1 (1) 介護保険 (2) 公的扶助
(3) 厚生労働省

2 例 日本国内の公害問題だけでなく，地球環境問題への国際的な取り組みが必要になったため。

3 (1) Ⅰ
(2) 例 事業所の数が多い割に，出荷額が少ないため。
(3) ベンチャー (4) 多国籍企業
(5) 例 現地生産を行い，生産コストを下げるため。

4 (1) 直接税 (2) ウ
(3) 例 国の借金が増える。

5 ① 減税 ② 公共事業 ③ 増税
④ 所得の再分配

解説 **2** 公害対策基本法は，四大公害に対応するための法律であり，1967年に制定された。その後，国際的にも環境に対する関心が高まり，地球環境問題に取り組むため，日本も1993年に環境基本法を制定した。
3 (1) 事業所数が圧倒的に多いので，Ⅰが中小企業。
(4)(5) 企業の海外進出の主要な理由としては，製品を安い価格で提供するために，労働者の賃金を低くおさえたいということがあげられる。アジア諸国などは，日本国内よりも賃金が安くすむため，これら

の国々に現地籍の企業をつくる企業が増えている。

4 (2) **地方交付税交付金**は，地方公共団体の財政格差を少なくするために国から支出される資金である。財政がゆたかな地方公共団体には交付されないことになっているが，交付を受けずに自主財源だけで財政をまかなえる地方公共団体は少数である。**イの政府開発援助（ＯＤＡ）**は発展途上国への援助のこと。

5 累進課税制度と社会保障制度による所得の再分配のしくみを理解しておこう。

5章 地球社会と私たち

⑬ 国際社会のしくみ

p.90〜91　基礎問題の答え

1 (1) ニューヨーク　(2) **拒否権**　(3) ア

解説 (2) 拒否権を持つ**常任理事国**は，アメリカ，ロシア，フランス，イギリス，中国の５か国である。
(3) ILOは国際労働機関の略称で，本部はジュネーブにある。**イ**のUSMCAは米国・メキシコ・カナダ協定，**ウ**のOPECは石油輸出国機構，**エ**のASEANは東南アジア諸国連合のこと。

2 (1) PKO　(2) 国際連合憲章[国連憲章]

解説 (1) PKOとは，国連平和維持活動のこと。紛争地域に国連が小規模の軍隊や監視団などを派遣して，平和的解決をめざすもの。これまでに，パレスチナや東ティモールなどに派遣されている。1992年の自衛隊の**カンボジア派遣**は，日本が初めて行ったPKO協力であり，歴史分野で問われることもある。必ずおさえておこう。

3 (1) イ　(2) **12海里**　(3) ウ

解説 国家の**主権**のおよぶ範囲が**領域**で，**領土・領海**（12海里以内）・領空からなる。領海のまわりが**経済水域**（**排他的経済水域**，200海里以内）で，漁業や海底資源の採掘などを行うことができる。

4 (1) 平和　(2) ア

解説 (1) **オリーブ**は平和の象徴とされる。
(2) 日本の国連加盟について拒否権を発動していた**ソビエト連邦**と，1956年の**日ソ共同宣言**で国交を回復したことにより，同年，日本は国連に加盟した。

5 (1) ハーグ
(2) 記号…**エ**　名称…**国連教育科学文化機関**
(3) **15か国**　(4) **世界保健機関**

解説 (2) **ア**は国連環境計画（UNEP），**イ**は国連児童基金（UNICEF），**ウ**は国連難民高等弁務官事務所（UNHCR）についての説明である。

定期テスト対策

❶国連のおもなしくみ
・**総会**…全加盟国，年１回開催。
・**安全保障理事会**…平和と安全の維持。常任理事国（アメリカ，フランス，イギリス，中国，ロシア。拒否権あり）と非常任理事国（10か国。任期２年）。
・**経済社会理事会**…経済や社会，人権などにかかわる分野での国際協力。
・**国際司法裁判所**…加盟国間の争いを調停。
・**事務局**…国連の事務や運営。

❶おもな専門機関
・国際労働機関（ILO），国連教育科学文化機関（UNESCO），世界保健機関（WHO），国際通貨基金（IMF），世界貿易機関（WTO）など

p.92〜93　標準問題の答え

1 (1) ア　(2) ア　(3) イ　(4) ドイツ
(5) ① ウ　② エ　③ ア

解説 (2) **世界人権宣言**は，あらゆる国家，国民の基本的人権と自由についての宣言で，1948年の国連総会で採択された。**イの国際連合憲章**は，国際連合をつくることを表明した条約で，1945年6月に調印された。**ウのポツダム宣言**は，1945年，日本に無条件降伏を求めた宣言。**エのリオ宣言**は，地球環境を守り「持続可能な開発」をめざす宣言で，1992年の国連環境開発会議（地球サミット）で採択された。
(3) **安全保障理事会**の決議は，常任理事国が１か国でも反対すると成立しない。これが**拒否権**であり，非常任理事国には与えられていない。

2 (1) A…エ，カ　B…ウ，キ
C…ア，ク　D…イ，コ

（2）世界貿易機関

解説 （1）Aは米国・メキシコ・カナダ協定(USMCA)であり，アメリカ，カナダ，メキシコが加盟している。BはASEAN(東南アジア諸国連合)。CはOAPEC(アラブ石油輸出国機構)。DはEU(ヨーロッパ連合)である。地理の教科書や地図帳で確認する。

⑭さまざまな国際問題

p.96〜97 **基礎問題の答え**

1 （1）① イ　② ウ　③ ア　（2）イ
（3）① 持続可能　② 気候変動

解説 （1）① 二酸化炭素は代表的な**温室効果ガス**。② **オゾン層**は，地球の10〜50kmの上空にあり，太陽からの有害な紫外線を吸収する層。エアコンや冷蔵庫に使われていた**フロンガス**による破壊がすすんだ結果，地球上に注ぐ紫外線の量が増えて，人間やほかの生物に深刻な影響を与えている。1996年以降，特定フロンの生産は中止されたが，それ以前に放出されたフロンにより，オゾン層の破壊は続いている。③ **酸性雨**の原因は，工場や自動車から排出される窒素酸化物や硫黄酸化物。
（2）**地球温暖化**が進むと，異常気象や，極地の氷がとけて海面が上昇し，海抜の低い土地が水没するなどの危険がある。

2 （1）**環境基本法**　（2）ア　（3）**温室効果**

解説 （2）環境税は，スウェーデン，オランダ，ドイツ，イギリスなどで導入されているが，日本では，導入されていない。**イ**のナショナルトラスト運動は，自然環境や歴史的建築物の買い上げや寄贈を受けることにより，保護を進める運動である。

3 （1）ウ　（2）ア　（3）**再生可能エネルギー**

解説 （1）おもな化石燃料は，**石油，石炭，天然ガス**である。**ア**のマンガンは岩石や海洋などに広く分布する元素。**イ**のウランは原子力発電の燃料になる元素。**エ**の地熱は地球内部の熱のことで，再生可能エネルギーの1つとして地熱発電に用いられる。
（2）日本では，発電量の80％以上を**火力発電**が占めている。しかし，火力発電に用いる燃料のほとんどを，輸入に頼っていることが問題となっている。

（3）再生可能エネルギーには，水力，太陽光，風力，地熱などの発電方法がある。これらは自然界に常に存在し，二酸化炭素を出さないクリーンなエネルギーであるが，太陽光発電や風力発電は天候によって発電量が左右されてしまうなど，問題点もある。

4 （1）人口爆発　（2）イ

解説 （1）アジアやアフリカの発展途上国の一部では人口爆発がおこり，学校や病院が不足するなどの問題がおこっている。このような国では，公共サービスが行き届かない，貧困層が密集して生活する地区（スラム）で暮らすことを余儀なくされている人々も多く見られる。
（2）先進工業国と発展途上国との経済格差の問題は，先進工業国の多くは北半球，発展途上国の多くが南半球に位置していることから，南北問題といわれる。また近年では，**新興工業経済地域**(NIES：韓国・台湾・シンガポールなど)などの国々の経済成長により，南南問題といわれる，発展途上国の中でも経済格差が広がるといった問題も生まれている。

5 ア

解説 **難民**とは，国の政治不安定や紛争などにより住む場所を追われた人々のことで，おもに発展途上国で発生している。よって，世界の地域別で見ると，発展途上国の数が多いアフリカ州とアジア州で難民の数が多くなっている。グラフのうち，アジア・太洋州については図示されているので，**ア〜ウ**のうち最も割合が多い**ア**がアフリカとなる。

p.98〜99 **標準問題の答え**

1 （1）ア　（2）水力…イ　原子力…ウ　（3）ウ
（4）**温室効果**(ガス)　（5）メタンハイドレート

解説 （1）化石燃料の可採年数には限りがあり，限りある資源の使い方が問題となっている。**イ**の化石燃料の消費量は増加している。**ウ**の化石燃料は**石油，石炭，天然ガス**である。**エ**の化石燃料の消費は先進工業国が多いが，発展途上国でも使用されている。
（2）**資料Ⅰ**中のそれぞれの国の発電方法の特徴として，日本は**火力発電**，カナダは**水力発電**，フランスは**原子力発電**の割合が高いことがあげられる。
（3）中国は，人口が世界で一番多いことに加えて，2000年代の急速な経済成長によって，1990年に比

べて二酸化炭素の排出量が大幅に増加した。しかし近年では太陽光発電の大量導入など，国全体として温暖化対策に取り組んでいる。

2 (1) フロンガス　(2) 酸性雨
(3) 京都　(4) 原子力発電
(5) 熱帯林の減少　(6) 循環型社会

解説 (3) この会議を地球温暖化防止京都会議とよぶ。気候変動枠組み条約によって採択された京都議定書では，温室効果ガス排出量の削減目標が定められ，2008～12年のあいだに，先進国全体で1990年と比較して5.2%削減することとした。この議定書は2005年に発効したが，温室効果ガスの排出量が最も多い中国やアメリカが参加していないなど課題も多く，発効前にアメリカが離脱した。2015年には，京都議定書の後継として，「パリ協定」が採択された。
(4) 原子力発電には，温室効果ガスを排出しないなどの利点もあるとされるが，2011年3月11日に発生した福島第一原子力発電所事故からもわかるように，安全性の問題に課題が見られる。なお，2011年以前の原子力発電所の事故としては，1986年に旧ソビエト連邦(現在のウクライナ)で発生したチェルノブイリ原子力発電所事故などがある。
(5) アマゾン川流域の熱帯林は，世界の酸素の3分の1程度を供給しているという調査結果もあり，地球全体の環境に対する影響は大きい。

3 (1) 例 自分で袋を持っていき，レジ袋を買わない
(2) リデュース

解説 (1) スーパーのレジ袋は，ごみになることが多い。ごみを燃やす際には燃料も必要で，二酸化炭素も発生する。地球環境問題については，各国政府や国連の取り組みが重要なのはもちろんだが，一人ひとりの自覚や努力にも大きな意味があるといえる。

4 例 使用されるガソリン量を減らし，二酸化炭素の排出量をおさえることができる(35字)
[設問] 例 極地方の氷がとけて，海面が上昇するから。

解説 [設問] 地球温暖化によって北極や南極などの氷河がとけて，海面が上昇している。そのため海抜高度の低い島々が水没するといわれている。

⑮ これからの地球社会と日本

p.102～103 基礎問題の答え

1 (1) 東(アジア)　(2) ① ア　② エ　③ ウ

解説 (1) 日本はユーラシア大陸の東の端に位置するため，「極東」ともいわれる。
(2) ① 北方領土は歯舞群島，色丹島，国後島，択捉島からなる島で，現在アのロシア連邦が不法に占拠している。

2 (1) 世界遺産　(2) ウ

解説 (2) アの国家の安全保障は，人間の安全保障の考え方が広まる前までは主流であった，「国家が安全を守る」という考え方である。

3 (1) 条約の締結…ウ　条約の承認…イ
(2) ア　(3) ウ　(4) ウ

解説 (1) 三権のうち，条約の締結は行政機関(内閣)，条約の承認は立法機関(国会)の役割である。
(4) PKOは国連平和維持活動の略称であり，安全保障理事会の指導のもとで行われる。アはILO(国際労働機関)，イはIMF(国際通貨基金)，エはFAO(国連食糧農業機関)の説明である。

4 ① ウ　② オ　③ ア

解説 ① 1945年8月6日に広島に，同年8月9日に長崎に原子爆弾(原爆)が投下され，多くの人が犠牲になった。日本は世界で唯一の被爆国であり，世界の平和に貢献する責任を負っているといえる。

p.104～105 標準問題の答え

1 (1) a…拡散　b…核実験　c…インド
(2) 問題…南北問題　略称…ア
(3) エ
(4) A…リオデジャネイロ
B…ヨハネスバーグ[ヨハネスブルク]

解説 (2) 南北問題とは，北半球に多い先進諸国と南半球に多い発展途上国とのあいだの格差の問題である。また，今日では発展途上国間の格差が広がったことにより，南南問題も浮上している。記号について，イのNPOは非営利組織，ウのWHOは国連の専門機関である世界保健機関，エのPKOは，国連平和維持活動をさす。

(3) 持続可能な開発とは，将来の経済的，社会的な利益をそこなうことなく，現在の必要を満たしていくという考え方である。

(4) A.1992年，ブラジルのリオデジャネイロで行われた国連環境開発会議（地球サミット）では，持続可能な開発をめざすリオ宣言と，そのための行動計画であるアジェンダ21などが採択された。B.2002年，南アフリカのヨハネスブルグ（ヨハネスブルク）で，持続可能な開発に関する世界首脳会議（第2回地球サミット）が開催された。

2 (1) UNESCO[ユネスコ]
   (2) 例 イスラム教の教えを守った食材を使い，調理していること。

解説 (1) UNESCOとは国連教育科学文化機関のことであり，国際連合の専門機関の1つで，フランスのパリに本部がある。世界の貴重な自然や文化財を世界遺産として保護したり，文化の多様性を人類共通の遺産と位置付けたりするなど，教育や文化の面で貢献している。

(2) ハラルとは，「（イスラムの教えで）許されている」という意味をもつアラビア語である。イスラム教は豚を食べたり，酒を飲んだりすることが禁じられているため，レストランなどで食事をする際にも気を付けなければならないが，ハラル認証マークがあれば，イスラム教徒でも安心して食事をすることができる。

3 (1) PKO
   (2) 例 地域紛争がおこっている地域で，解決のための支援を行う。

解説 (2) 国際連合のPKOは，伝統的に，国際連合が紛争の当事者の間に立って，事態の収束や紛争の再発を防ぎ，話し合いによる紛争の解決を支援することが目的である。日本の自衛隊は1992年に初めてPKOに参加して以来，数多くの国で，支援の活動を行っている。

4 (1) 竹島 (2) エ
   (3) 例 関係が良好でないと思っている人が多いが，その関係は重要だと考えている人も多いため，関係の改善が求められている。

解説 (2) イの拉致問題について，2002年の日朝首脳会談で，朝鮮民主主義人民共和国（北朝鮮）は日本人

を拉致したことを認め，その後，被害者のうちの5人とその家族が帰国したが，他の被害者の安否は分かっておらず，問題はまだ解決していない。

p.106～107 実力アップ問題の答え

1 (1) ウ (2) イ (3) 沖ノ鳥島
2 (1) エ (2) ① BRICS ② 南南問題
   (3) フェアトレード
3 (1) 東…ソビエト社会主義共和国連邦
        ［ソ連］
     西…アメリカ合衆国
   (2) ① ア ② ウ
4 ウ

解説 3 (1) 冷戦（冷たい戦争）は，第二次世界大戦後，アメリカ合衆国を中心とする資本主義陣営と，ソビエト連邦を中心とする社会主義陣営とで，世界が東西に分かれた対立構造のことである。冷戦（冷たい戦争）は20世紀末に終結したが，その後，2つの大国により保たれていた世界の秩序が崩壊したことで，各地で地域紛争が発生する要因の1つとなった。

(2) ① UNHCRは，国連難民高等弁務官事務所の略称である。イは国連児童基金の略称で，紛争下の子どもたちを支援するための組織である。ウは国連教育科学文化機関の略称で，教育や科学，文化の保護や発展を支援するための組織である。エは世界保健機関の略称で，人間の健康的な生活の実現を目的とした機関である。

4 ア.国民総所得（GNI）に占める割合が最も高いのはイギリス。イ.カナダは援助額が最も低いが，国民総所得（GNI）に占める割合はアメリカや日本の方が低い。エ.アメリカの援助額は約350億ドル，イギリスは約180億ドルで，約2分の1である。

1 (1) ③　(2) 環太平洋造山帯

(3) ① ASEAN

② 例 機械類や石油製品であり，**工業化**
が進んだ

2 (1) 日本(海流)

(2) 記号…**D**　県名…沖縄(県)

(3) 例 領海の外側で，海岸から200海里以
内の(範囲。)　(4) ウ

3 (1) ア　(2) 浄土信仰[浄土の教え]

(3) ① エ

② 例 貢ぎ物をおくり，国交が開かれた。
[朝貢をして，正式な外交関係となっ
た。]

(4) 楽市・楽座　(5) ① ウ

② 例 ききんによって減った年貢収納高
を増やすことができるから。

(6) ① ウ→ア→イ　② 民本主義　(7) ウ

4 (1) ウ　(2) 国民審査　(3) 条例

(4) イ　(5) 例 預け入れよりも貸し出し

5 (1) ① ア，ウ　② 世界人権宣言

(2) ユネスコ[UNESCO，国連教育科学文
化機関]

(3) 例 世界の平和と安全を維持する

解説 **1** (1) ①は南緯40度，②は北緯45度，④は緯
度0度の緯線(赤道)である。

(2) A国は南アメリカ州に位置するアルゼンチン，
B国は北アメリカ州に位置するカナダである。環太
平洋造山帯は，太平洋を取り囲む火山帯である。

(3) ① ASEANは，東南アジア諸国連合の略称であ
り，東南アジアの10か国が加盟している。

② ASEAN諸国では，工業団地を建設したり，外
国企業が国内に工場をつくりやすくする政策をとっ
たりすることによって，近年急速な工業化をとげ，
都市の発展が続いている。しかし，急速な都市化に
より，スラムの出現や，交通渋滞が激しくなるなど，
都市問題がおこるようになった。

2 (1) 黒潮と同じく暖流で，日本海側を流れる海流
は対馬海流という。また，北から流れる寒流で，太
平洋側に流れる親潮(千島海流)，日本海側に

流れる海流はリマン海流である。

(2) 沖縄県は，観光産業がさかんなことから，観光
産業がふくまれる第3次産業の就業者数割合が他の
県よりも高い。aは第2次産業の割合が最も高いこ
とから，工業がさかんなBの愛知県，dは第1次産
業の割合が最も高いことから，野菜の促成栽培や畜
産など，農業がさかんなCの宮崎県，残るbはAの
福井県となる。

(4) 海上輸送では，おもに鉄鋼や自動車など，航空
機では大量に運ぶことができない重量のあるものが
輸送されている。それに対し航空輸送では，半導体
等電子部品や科学光学機器など，軽くて高価なもの
がおもに輸送されている。

3 (1) イの調は地方の特産物などを都まで運んで納
める税，ウの庸は労役10日のかわりに布などを納
める税，エの雑徭は年間60日以下の地方での労役
である。

(2) 浄土信仰(浄土の教え)の広がりにより，阿弥陀
如来を納めた阿弥陀堂が各地につくられた。代表的
な阿弥陀堂として，藤原頼通によって宇治(京都)に
建てられた平等院鳳凰堂がある。

(3) ① 足利義満は，明の求めに応じて倭寇を禁じる
一方で，正式な貿易船には勘合とよばれる証明書を
もたせ，倭寇と区別した。

(5) ① 江戸幕府の第8代将軍である徳川吉宗によっ
て行われた享保の改革では，倹約令の徹底や目安箱
の設置など，さまざまな政策が実施されたが，石高
の変化に影響を与えたのは，新田開発である。

② 1780年代には大規模なききんがおこり，財政が
急激に悪化した。寛政の改革を行った老中の松平定
信は，農業を復興し，年貢収納高を増やすことで，
財政を再建しようとした。

(7) 1951年，吉田茂内閣はアメリカ合衆国など48か
国とサンフランシスコ平和条約を結び，翌年に発効
したことで，日本は独立を回復した。また，サンフ
ランシスコ平和条約と同時に日米安全保障条約が結
ばれ，日本の占領終了後もアメリカ軍が日本に駐留
することが定められた。アのソ連との国交回復は
1956年の日ソ共同宣言，エの日本と中国の国交正
常化は1972年の日中共同声明の内容である。なお，
イの沖縄の日本への復帰は，1972年に佐藤栄作内
閣の下で実現した。

4 (1) アの公的扶助は，生活保護法にもとづいて生
活費などを支給することで，日本国憲法第25条に

規定されている「健康で文化的な最低限度の生活」を保障している。イの**社会福祉**は，障がいのある人や子供，高齢者など，社会的に不利な立場にある人を支援するしくみである。エの**公衆衛生**は，環境衛生の改善や感染症の予防など，人々が安全で健康な生活を送れるようにする活動のことである。

(4) **クーリング・オフ制度**とは，訪問販売やキャッチセールス，アポイントメントセールスの場合は購入後8日以内，マルチ商法などの場合は20日以内であれば，消費者側から無条件で契約を解除できる制度である。

(5) 預け入れに対して支払う利子率よりも，貸し出しに対して支払う利子率を高くすることによって，銀行に入ってくる金額が増える。

5 (3) 国際連合には，総会や安全保障理事会などのおもな機関のほかに，ユネスコ(UNESCO，国連教育科学文化機関)や世界保健機関(WHO)などの専門機関が置かれている。

---

p.114〜119 第2回 模擬テストの答え

1 (1) ア　(2) じ

(3) モスクワ…イ　チュニス…ア

2 (1) カ　(2) ア

(3) 例 他の2つの県の出荷量が少ない夏に，群馬県は高地の涼しい気候を利用してキャベツを生産し，多く出荷している。

3 (1) 天平文化

(2) エ→ア→イ→ウ　(3) ウ

(4) イ　(5) ア，ウ

4 (1) ウ→エ→イ→ア

(2) 例 地価の3%と定められ，現金で納められた。

(3) 国会期成同盟　(4) 田中正造

(5) ア

5 (1) エ　(2) 議院内閣制

(3) エ　(4) 公共の福祉　(5) ウ

(6) 例 日本に旅行したときに購入して気に入った製品の，インターネットの取り引きによる購入額が増えたこと。

解説 **1** (1) Xの経線は，西経120度を示している。日本の標準時子午線は東経135度で，経度15度ごとに1時間の時差が生じるため，(135+120)÷15(度)＝17で，17時間の時差があることになる。また，日本の方が時間が進んでいるため，17時間前の1月1日午前1時となる。

(3) アは夏に乾燥する地中海性気候に属するチュニス，ウは温帯に属する東京，エは熱帯に属するシンガポールを示している。

2 (1) 中部地方をさらに細かく分けると，**北陸**，**中央高地**，**東海**に分けることができる。福井は，日本海側に位置する北陸で，冬の降水量が多い。よって**C**である。松本(長野県)は内陸の中央高地で，1年を通して降水量が少ない。よって**B**である。名古屋(愛知県)は，太平洋側に位置する東海で，冬に比べて夏の降水量が多い。よって**A**である。

(2) 関東平野に位置する茨城県は，平野が多く，山地が少ないことに加えて，大消費地である東京都に近いため，野菜の栽培がさかんである。イは製造品出荷額等が4県の中で最も多いことから，東海工業地域が位置する静岡県を示している。ウは果実産出額が4県の中で最も多いことから，**扇状地**でぶどうやももなどの果実の栽培がさかんな山梨県を示している。エは山地面積が4県の中で最も多いことから，**日本アルプス**にふくまれる飛驒山脈をはじめとして，多くの山地に囲まれている岐阜県を示している。岐阜県は，平野は県南部に**濃尾平野**が広がっているが，総面積の約8割を山地が占めている。

(3) 群馬県の**嬬恋村**では，その冷涼な気候を生かした高原野菜の栽培がさかんで，とくにキャベツの出荷量は日本有数である。他の地域の出荷量が少ない時期に出荷することによって，高い価格で多く売ることができるという利点もある。

3 (2) エの**法隆寺**は飛鳥時代に**聖徳太子**(厩戸皇子)によって建てられた。アの**国分寺**や国分尼寺は奈良時代に聖武天皇の命により各地に建てられた。イの**平等院鳳凰堂**は，**浄土信仰**(浄土の教え)が広まった平安時代に，藤原頼通によって建てられた。ウの禅宗は鎌倉時代に広まった。

(3) **長篠の戦い**がおこったのは1575年。アの太閤検地が始まったのは1582年，イの武家諸法度が制定されたのは1615年から，ウの加賀の一向一揆がおこったのは1488年，エの本能寺の変がおこったのは1582年である。

(4)「信濃国」は，現在の長野県である。「将軍のお
ひざもと」とよばれた都市(江戸)から「天下の台所」
とよばれた都市(大阪)を結んでいるのは五街道のう
ち中山道と東海道であるが，現在の長野県にあたる
信濃国を通るのは中山道のみである。

4 (1) ウ(桜田門外の変，1860年)→エ(薩英戦争，
1863年)→イ(薩長同盟，1866年)→ア(鳥羽・伏見
の戦い，1868年)の順となる。

(5) ドイツ・オーストリア・イタリアは三国同盟を，
イギリス・フランス・ロシアは三国協商をそれぞれ
結んでいた。

5 (1) アは地方税，イは国庫支出金，ウは地方債。

(6) 資料Ⅴ，Ⅵから，2013年から増加傾向にある訪
日外国人のうち，約4分の1が中国から来ているこ
とが分かる。また，資料Ⅶから，中国でのインター
ネット取り引きによる日本からの商品購入額が年々
増えていること，資料Ⅷから，日本に旅行をしたと
きに購入した商品を，インターネットを通じて購入
している割合が高いことがわかる。

②